Descubra Juegos Gratis Online

Disponibles Aquí:

BestActivityBooks.com/FREEGAMES

5 CONSEJOS PARA EMPEZAR

1) CÓMO RESOLVER LAS SOPA DE LETRAS

Los rompecabezas tienen un formato clásico:

- Las palabras se ocultan sin espacios ni guiones,...
- Orientación: Las palabras pueden escribirse hacia delante, hacia atrás, hacia arriba, hacia abajo o en diagonal (pueden estar invertidas).
- Las palabras pueden superponerse o cruzarse.

2) APRENDIZAJE ACTIVO

Junto a cada palabra hay un espacio para anotar la traducción. Para fomentar un aprendizaje activo, un **DICCIONARIO** al final de esta edición te permitirá comprobar y ampliar tus conocimientos. Busca y anota las traducciones, encuéntralas en el puzzle y añádelas a tu vocabulario!

3) MARCAR LAS PALABRAS

Puedes inventar tu propio sistema de marcado. ¿Quizás ya usas uno? También puedes, por ejemplo, marcar las palabras difíciles de encontrar con una cruz, las que te gustan con una estrella, las nuevas con un triángulo, las raras con un diamante, etc.

4) ESTRUCTURAR EL APRENDIZAJE

Esta edición ofrece un **CUADERNO DE NOTAS** muy práctico al final del libro. En vacaciones, de viaje o en casa, podrás organizar fácilmente tus nuevos conocimientos sin necesidad de un segundo cuaderno!

5) ¿HABÉIS TERMINADO TODAS LAS PARRILLAS?

En las últimas páginas de este libro, en la sección **DESAFÍO FINAL**, encontrarás un juego gratis!

¡Rápido y sencillo! Echa un vistazo a nuestra colección de libros de actividades para tu próximo momento de diversión y aprendizaje, ¡a sólo un clic de distancia!

Encuentre su próximo reto en:

BestActivityBooks.com/MiProximoLibro

En sus marcas, listos, ¡Ya!

¿Sabías que hay unas 7.000 lenguas diferentes en el mundo? Las palabras son preciosas.

Nos encantan los idiomas y hemos trabajado duro para crear libros de la más alta calidad para tí. ¿Nuestros ingredientes?

Una selección de temas adecuados para el aprendizaje, tres buenas porciones de entretenimiento, y luego añadimos una cucharada de palabras difíciles y una pizca de palabras raras. Los servimos con cariño y máxima diversión para que puedas resolver los mejores juegos de palabras y te diviertas aprendiendo!

Tu opinión es esencial. Puedes participar activamente en el éxito de este libro dejándonos un comentario. Nos encantaría saber qué es lo que más le ha gustado de esta edición.

Aquí hay un enlace rápido a tu página de pedidos:

BestBooksActivity.com/Opiniones50

Gracias por tu ayuda y diviértete!

Todo el equipo

1 - Ajedrez

```
B P Z F I T U C B G Ê M T G
R R W R P D Z F D W Y U C W
E H E Y T U D H S Y T X P R
N E Q N N U O Y V N E K K T
H O O B I T S U S J P W H H
I L J U P N I T E G A A K W
N A D E V L L A W G U B R Y
E U E V L W I U O Z E C N
S N Y K D N V F V D Y R P E
L L E T R A W S M D A T A B
R S T R A T E G A E T H M Y
C H W A R A E W R F N N S D
V B C Z A U V O L O X S E D
P E N C A M P W R L N Y R N
```

I DDYSGU   GWRTHWYNEBYDD
GWYN   GODDEFOL
PENCAMPWR   PWYNTIAU
LLETRAWS   RHEOLAU
STRATEGAETH   BRENHINES
GÊM   BRENIN
CHWARAEWR   ABERTH
DU   AMSER

2 - Agua

```
L C X S Q A K L H J Q U V L
L L O L L A I T H R O N Q I
I Y Y R L L E I T H D E R R
F M F N W R D L D F V I S H
O O A E U Y Z F Y W Q R N E
G N N K D Z N S F I J A T W
Y S W Y X R R T R R A E B C
D Ŵ E V E M K Ê H G V K H D
D N D Q I Â M M A F O N Z X
V H D C A W O D U M R R Y Y
A Z I O K M I A X Ô M X V W
D Q A M S M Y O W R X Q N N
D Y D H U X G L A W E V V K
T O N N A U P C F D H G B Q
```

CAWOD   GLAW
ANWEDDIAD   MONSŴN
RHEW   EIRA
IÂ   MÔR
LLEITHDER   TONNAU
CORWYNT   YFED
LLAITH   DYFRHAU
LLIFOGYDD   AFON
LLYN   STÊM

3 - Granja #2

```
F  A  E  D  D  F  E  D  P  T  G  V  O  N
F  N  G  A  Y  L  T  B  D  L  W  F  G  Y
R  I  I  Y  J  A  A  R  B  Q  E  E  C  S
W  F  H  U  V  Y  I  M  A  D  N  B  U  G
Y  E  K  A  D  Ô  L  B  A  C  I  K  F  U
T  I  J  C  I  G  O  E  N  H  T  H  F  B
H  L  C  M  Y  D  Q  R  L  W  H  O  E  O
Z  I  A  F  F  C  D  L  B  Y  V  L  R  R
Q  A  C  Z  H  C  Y  L  M  A  Z  L  M  W
N  I  O  U  I  H  F  A  F  D  M  Y  W  R
R  D  N  M  C  O  R  N  K  E  Y  S  R  H
B  U  G  A  I  L  H  W  M  N  P  I  U  L
L  L  A  E  T  H  A  D  D  E  F  A  I  D
M  H  F  G  K  G  U  B  W  Y  D  U  U  N
```

FFERMWR	AEDDFED
ANIFEILIAID	CORN
HAIDD	DEFAID
BWYD	BUGAIL
CIG OEN	HWYADEN
FFRWYTH	DÔL
YSGUBOR	DYFRHAU
BERLLAN	TRACTOR
LLAETH	GWENITH
LAMA	LLYSIAU

4 - Pesca

```
N  Ê  P  A  F  O  N  G  C  O  T  X  S  S
Z  N  P  M  B  K  S  E  D  F  A  G  V  A
E  S  G  Y  L  L  R  B  E  F  G  A  Q  T
A  B  Z  N  U  O  P  N  S  E  E  B  S  I
A  A  G  E  P  K  H  E  B  R  L  W  P  N
Y  P  G  D  T  D  C  C  O  M  L  Y  G  T
Y  T  Z  D  R  Q  M  Ê  N  H  A  D  W  A
P  W  Y  S  A  U  M  F  I  H  U  Y  I  V
B  A  S  G  E  D  E  N  A  K  T  O  F  B
C  W  C  H  T  F  U  F  D  C  N  S  R  S
C  B  A  C  H  Y  N  O  L  D  Ŵ  R  E  X
C  O  G  I  N  I  O  R  J  L  M  O  N  D
T  Y  M  O  R  E  I  Z  A  L  Y  Y  A  M
O  F  U  W  G  C  M  C  A  G  K  N  C  B
```

DŴR	BACHYN
ESGYLL	LLYN
CWCH	ÊN
TAGELLAU	CEFNFOR
GWIFREN	AMYNEDD
ABWYD	PWYSAU
BASGED	TRAETH
COGINIO	AFON
OFFER	TYMOR
ESBONIAD	

5 - Aviones

```
C O M Z C Y N N W R F A P H
L Y S D R K X B P B M W E Y
R Q F O I L Q F E Y A Y I D
U U X E W M Q L I T N R R R
C U P H I E E N L E T N I O
Y A S K A R B Z O I U C A G
N D Y L U N I O T T R H N E
I E L Y N I E A F H C D T N
G I V W N B W S D W V U Q G
I L L I R T A N W Y D D B M
O A P O B A L Ŵ N R T B M K
N D C H W Y D D O O A Q H E
Y U C H D E R N G L A N I O
A W Y R G Y L C H M X T H D
```

UCHDER
GLANIO
AWYRGYLCH
ANTUR
AWYR
TANWYDD
ADEILADU
CYFEIRIAD
DYLUNIO
BALŴN

CYNIGION
HYDROGEN
HANES
CHWYDDO
PEIRIANT
LYWIO
TEITHWYR
PEILOT
CRIW
CYNNWRF

6 - Tipos de Cabello

```
F  B  U  T  S  G  F  R  W  G  P  F  R  Q
Z  K  B  R  O  W  N  A  B  L  E  T  H  I
Z  J  Y  W  S  Y  C  H  T  R  B  S  K  R
S  F  R  C  X  N  F  X  U  D  B  N  Z  W
J  A  F  J  T  R  W  C  H  U  S  K  R  G
T  H  I  R  L  H  L  U  U  B  L  O  N  D
M  E  D  D  A  L  L  I  W  R  Q  T  R  L
V  F  N  Z  R  Q  Y  P  J  A  L  G  G  L
X  H  L  A  K  V  Z  W  R  Z  R  S  H  W
W  O  C  R  U  Y  C  I  A  C  H  I  D  Y
C  Y  R  L  I  O  G  L  E  Z  Z  O  A  D
O  R  K  W  P  L  E  T  H  E  D  I  G  N
Y  L  M  O  E  L  K  M  D  G  H  F  E  O
X  D  U  S  G  L  E  I  N  I  O  G  T  C
```

GWYN	DU
SGLEINIOG	ARIAN
MOEL	CYRLIOG
LLIW	CURLS
BYR	BLOND
TENAU	IACH
LLWYD	SYCH
TRWCHUS	MEDDAL
HIR	PLETHEDIG
BROWN	BLETHI

7 - Ciencia Ficción

```
R  C  H  E  Z  F  F  R  W  Y  D  R  A  D
R  O  E  T  E  C  H  N  O  L  E  G  S  Y
E  T  B  R  E  A  L  I  S  T  I  G  I  F
G  F  C  O  L  L  Y  F  R  A  U  A  N  O
C  Y  E  I  T  H  A  F  O  L  J  G  E  D
K  B  V  G  J  I  W  A  G  P  I  W  M  O
R  H  I  T  H  K  A  T  J  W  L  W  A  L
B  L  A  N  E  D  T  I  T  B  Y  Q  L  A
O  R  A  C  L  E  V  D  D  B  V  C  Y  I
A  T  O  M  I  G  A  L  A  E  T  H  H  D
D  I  R  G  E  L  B  P  V  U  Â  I  S  D
U  T  O  P  I  A  Y  E  E  V  N  O  P  M
T  O  U  Q  M  Y  D  V  Y  L  X  A  H  Z
D  Y  C  H  M  Y  G  O  L  A  L  F  M  R
```

ATOMIG	DYCHMYGOL
SINEMA	LLYFRAU
PELL	DIRGEL
FFRWYDRAD	BYD
EITHAFOL	ORACLE
GWYCH	BLANED
TÂN	REALISTIG
DYFODOLAIDD	ROBOTIAID
GALAETH	TECHNOLEG
RHITH	UTOPIA

8 - Juguetes

```
C G W Y D D B W Y L L N C D
H L L Y F R A U V M R O R R
R O A N D D W P B E I C E Y
X R F I Y D Y O A E L C F M
G I S F C O R Q R X N U F I
E C W C H L E F C Y H S T A
M S R X Y F N G U U Y G A U
A D D X M C I N D P Ê L U L
U P R Y Y X X Z X O A M Y S
O J T F G V K I T S R E N H
C I R W D Q D B U V A I N S
Z D T U S Y M Q Y T D O H T
C S L P D X G H H T I Q M I
C A R O B O T R Ê N M B X S
```

GWYDDBWYLL   HOFF
CLAI   DYCHYMYG
CREFFTAU   GEMAU
AWYREN   LLYFRAU
CWCH   DDOL
BEIC   PAENT
PÊL   ROBOT
LORI   POS
CAR   DRYMIAU
BARCUD   TRÊN

9 - Circo

```
E  Z  G  L  L  E  W  P  V  G  F  O  Z  A
P  L  W  C  A  N  D  Y  E  G  B  F  C  N
A  K  I  S  I  O  E  W  E  W  A  I  L  I
B  W  S  F  V  U  M  N  J  Y  L  L  O  F
E  S  G  T  F  S  I  W  G  L  W  R  W  E
L  X  O  D  O  A  D  A  M  I  N  T  N  I
L  H  E  T  M  Q  N  I  C  W  A  R  P  L
C  U  D  E  W  I  N  T  D  R  U  I  Y  I
I  D  D  I  N  D  I  S  L  D  O  C  E  A
X  Z  M  G  C  G  Q  C  Z  J  A  B  H  I
A  U  D  R  I  A  M  J  P  U  Q  N  A  D
C  E  R  D  D  O  R  I  A  E  T  H  U  T
D  B  J  N  S  G  K  R  H  O  D  F  A  H
U  I  P  P  Z  B  U  J  B  U  E  J  O  J
```

ACROBAT	HUD
ANIFEILIAID	DEWIN
CANDY	SIWGLWR
PABELL	MWNCI
RHODFA	SIOE
ELIFFANT	CERDDORIAETH
DIDDANU	CLOWN
GWYLIWR	TEIGR
BALWNAU	GWISGOEDD
LLEW	TRIC

10 - Rellenar

```
V X R S Z D C P G D P K V R
D R Ô R F M Ê Q F N E U A F
S T P Z E E S B A G C P S I
J H P R E G R A L T Y P E A
G A S G E N W S V W N B A E
M M V F R W B N B B C M X C
D B U F A M L E N W I H S N
N W P O T E L A Z G C B T O
Q R O L Y G P J H X V E K A
B D C D F K C A R T O N D S
C D E E X H Y R B A S G E D
K S D R T I W B F J O U E T
B Y O L R G A U U D I Z F K
J F Z H U G R V T Q W M T S
```

HAMBWRDD   BASGED
TWB   BWCED
GASGEN   BASN
BAG   VASE
POCED   CÊS
POTEL   PECYN
BLWCH   AMLEN
DRÔR   JAR
FFOLDER   TIWB
CARTON

11 - Granja #1

```
M  H  Q  C  D  Ŵ  R  B  Q  N  P  D  G  G
K  Ê  T  Q  D  L  E  U  Y  A  O  Q  W  W
Z  X  L  O  I  S  I  T  S  Z  Y  L  A  E
A  U  S  H  A  S  Y  N  C  A  T  H  I  N
I  N  H  M  D  C  O  W  I  Y  I  N  R  Y
G  A  F  R  E  U  W  X  M  S  W  G  S  N
W  W  R  G  L  M  H  Q  K  L  P  I  X  O
R  R  Â  S  L  X  A  R  W  L  R  C  Â  X
T  U  N  D  C  R  S  J  Q  O  G  E  P  R
A  Q  H  E  D  B  E  M  A  E  S  F  R  O
I  H  A  D  A  U  G  I  J  W  S  F  A  E
T  T  Y  A  J  W  Y  T  S  X  T  Y  R  H
H  J  D  M  B  C  G  I  Z  G  F  L  V  I
F  F  E  N  S  H  H  R  C  C  G  O  N  M
```

GWENYN	GWAIR
DŴR	MÊL
REIS	CI
ASYN	CYW IÂR
CEFFYL	DDIADELL
GAFR	HADAU
MAES	LLO
FRÂN	TIR
GWRTAITH	BUWCH
CATH	FFENS

12 - Camping

```
O F W C P R Y F E D L G A M
L K D A C H M Y N Y D D N X
J L H O W A Z A E Q L G I M
Q K E H M F H O P H H A F W
J I L U P F A T V R W S E S
P C A B A N M A N T U R I H
C O E D W D M U J T V R L E
H D I C D Y O O F F E R I T
C N A T U R C L P C T T A R
V A J J U H K L L J Â X I R
H Z N N B I R Y M K N R D U
Y T F Ŵ K M C N O J M P Q M
L L U S E R N C O E D W I G
F P X H W Y C T J Q B N Z G
```

ANIFEILIAID
ANTUR
COED
COEDWIG
CWMPAWD
CABAN
CANŴ
HELA
RHAFF
OFFER

TÂN
HAMMOCK
PRYFED
LLYN
LLUSERN
LLEUAD
MAP
MYNYDD
NATUR
HET

13 - Fruta

```
N C Z J N X E P A P B A H B
E N G K I T L M K Q P V M D
C A W K H P C I W I L M P D
T U G U A V A E E I R I N A
A C B B E Q Y O I T Q Y A Z
R O C V R J M G M R A F A L
I C A Y O M A N G O I X L E
N O L F N Z A F Z Y D O B M
E H C F O R A F M K P M S O
R E S Q Q C D E O M E L O N
Y L W G D B A N A N A T R S
P A P A I A H D T G C P E R
J B R I C Y L L O R H T N X
G R A W N W I N G E L L Y G
```

AFOCADO
BRICYLL
AERON
CEIRIOS
EIRIN
CNAU COCO
MAFON
GUAVA
CIWI
LEMON

MANGO
AFAL
PEACH
MELON
OREN
NECTARINE
PAPAIA
GELLYG
BANANA
GRAWNWIN

14 - Geología

```
C L K F T M E C G D K K F S
A R B F S E G W W A M Z L T
R V I O G O F A A E G T L A
R B V S H N Y R S A P D O L
E C I I I A C T T R A F S A
G E R L X A E S A G R U G G
L N S A B S L N D R T I F M
G A Z F E I A A U Y H S Y I
I E B A H D I X U N L W N D
F C Y F A N D I R U E O Y A
V Q U S L M W Y N A U B D U
E S G W E C A L S I W M D F
B U B I N R Z L C W R E L N
S T A L A C T I T E B Q B W
```

ASID	FFOSIL
CALSIWM	GEYSER
HAEN	LAFA
OGOF	GWASTAD
CYFANDIR	MWYNAU
CWREL	CARREG
CRISIALAU	HALEN
CWARTS	DAEARGRYN
STALACTITE	LLOSGFYNYDD
STALAGMIDAU	PARTH

15 - Plantas

```
B C L G G W R T A I T H L A
Y O U G L L Y S I E U E G E
P E T A L A M W S O G L J R
G D I Q V V S Q D X I J T O
A W C D Y G G W R A I D D N
R J V Q D U G D E B D Z A Q
D D U Y R E H A U L F M I P
D I Q K G Z W K A O L F L D
L L W Y N I J A F D O T A T
P J B A M B Ŵ T E Y R Q M O
B N X S R P Z V N N A Y S G
C A C T U S D Y B S H C L I
N O L L Y S T Y F I A N T N
C O E D W I G P Q B T A K T
```

LLWYN	DAIL
COED	FFA
BAMBŴ	EIDDEW
AERON	GLASWELLT
COEDWIG	GARDD
LLYSIEUEG	MWSOGL
CACTUS	PETAL
GWRTAITH	GWRAIDD
BLODYN	HAUL
FLORA	LLYSTYFIANT

16 - Suministros de Arte

```
C A M E R A A M B J O S E L
L P E N S I L I A U Y O C L
A U U K W T R H W B I W R I
I O U O H Q A F V N N D E W
F A S Z G U A B F Q C A A I
U O R N L G Z O L E W Y D A
D N P X D J O Y S S I I I U
C C B C A D E I R Y D D G D
P A P U R J Z C G N M B R D
D P C I A C R Y L I G E W Q
D Ŵ A A S Y Z H U A H K Y T
O G R E N H A W D D F Y D P
J L R N N H I L D A B K D S
Y O V C H T E X C U U W G N
```

OLEW   SYNIADAU
ACRYLIG   PENSILIAU
DŴR   TABL
CLAI   PAPUR
RHWBIWR   GLUD
HAWDDFYD   PAENT
CAMERA   CADEIRYDD
LLIWIAU   INC
CREADIGRWYDD

17 - Jardín

```
B  L  C  G  W  P  V  C  R  C  H  W  Y  N
P  R  I  D  D  W  B  Y  H  O  D  F  N  J
L  H  L  H  K  L  L  N  A  E  X  F  S  F
G  A  I  L  G  L  O  T  C  D  M  E  A  H
L  W  W  O  W  C  D  E  A  K  A  N  K  W
A  S  R  N  U  Y  Y  D  O  H  I  S  Y  H
S  O  E  M  T  G  N  D  M  D  N  J  P  H
W  O  G  L  D  A  A  N  O  S  C  P  E  K
E  K  C  A  C  R  C  R  E  I  G  I  A  U
L  V  T  U  Y  D  Y  K  E  S  I  B  B  L
L  D  E  I  A  D  P  F  B  J  D  E  X  H
T  H  R  H  A  M  M  O  C  K  D  L  W  F
N  G  A  F  H  Y  V  T  B  Q  P  L  T  P
P  M  S  T  R  A  M  P  O  L  Î  N  I  I
```

LLWYN	CHWYN
COED	PIBELL
MAINC	RHAW
LAWNT	CYNTEDD
PWLL	RHACA
BLODYN	CREIGIAU
GAREJ	PRIDD
HAMMOCK	TERAS
GLASWELLT	TRAMPOLÎN
GARDD	FFENS

18 - Países #2

```
G W L A D G R O E G S K G E
U D K R L A W S T R A L I A
T Z P W X C W Q H M J W S O
L A O S H I M F I E W O Q B
D F R I S E L I O C E P F I
E F T A W Y H B P S U D A N
N R I R S E R Y I I J W O D
M A W A I W R I A C M C C O
A I G W T V M D A O F R R N
R N A S S V D F D D Z Á Z E
C C L T J A P A N O Q I X S
D R X R U G A N D A N N H I
P A K I S T A N L R W A A A
J A M A I C A A L B A N I A
```

ALBANIA	JAPAN
AWSTRALIA	LAOS
AWSTRIA	MECSICO
DENMARC	PAKISTAN
ETHIOPIA	PORTIWGAL
FFRAINC	RWSIA
GWLAD GROEG	SYRIA
INDONESIA	SUDAN
IWERDDON	WCRÁIN
JAMAICA	UGANDA

19 - Tecnología

```
Y  B  H  L  P  A  F  Q  Y  N  E  M  E  N
M  V  B  L  O  G  F  J  S  X  E  P  C  T
C  A  M  E  R  A  E  C  T  X  R  G  F  I
H  S  M  M  W  Y  I  B  A  D  H  C  E  Z
W  U  E  D  R  R  L  Y  D  I  I  Y  R  S
I  L  N  I  C  T  O  T  E  O  T  F  H  G
L  Y  D  G  N  P  A  E  G  G  H  R  Y  Z
T  F  W  I  C  Q  X  S  A  E  W  I  N  R
N  U  F  D  N  Y  B  U  U  L  I  F  G  L
D  D  T  O  C  Y  R  C  H  W  R  I  R  S
R  A  A  L  N  Q  C  O  P  C  Q  A  W  G
W  L  T  T  Q  A  T  A  Q  R  H  I  D  Y  R
M  B  U  A  U  Z  D  W  P  U  O  U  D  I
M  E  D  D  A  L  W  E  D  D  Z  R  C  N
```

FFEIL	RHYNGRWYD
BLOG	YMCHWIL
BYTES	NEGES
CAMERA	PORWR
CYRCHWR	CYFRIFIADUR
DATA	SGRIN
DIGIDOL	DIOGELWCH
YSTADEGAU	MEDDALWEDD
FFONT	RHITHWIR

20 - Números

```
U  N  I  L  F  O  E  D  W  S  D  M  U  T
N  H  C  H  W  E  C  H  E  I  E  A  G  X
A  C  R  O  C  U  Q  K  Q  U  G  T  A  Y
R  I  W  Q  S  S  E  R  O  D  N  H  I  T
B  T  R  I  A  R  D  D  E  G  A  A  N  R
Y  B  V  S  I  D  E  F  Y  P  O  U  W  I
M  P  A  S  T  K  G  V  V  K  A  M  Y  D
T  K  Z  O  H  W  O  Q  V  B  L  W  T  P
H  Y  H  N  A  D  L  G  W  O  Q  P  H  Y
E  P  B  B  A  Q  B  P  E  D  W  A  R  M
G  U  C  C  I  W  H  Z  X  C  U  J  U  T
R  M  E  R  E  E  O  H  Y  U  I  S  R  H
C  P  L  Z  D  Q  R  T  T  M  Q  F  E  E
C  H  Z  F  W  D  E  U  D  D  E  G  J  G
```

SERO	NAW
PUMP	WYTH
PEDWAR	PYMTHEG
DEGOL	CHWECH
DEUNAW	SAITH
UN AR BYMTHEG	TRI AR DDEG
DEG	TRI
DEUDDEG	UN
DAU	UGAIN
MATH	

21 - Mitología

```
A  R  W  R  J  Z  Y  J  M  Y  U  A  T  R
L  F  K  A  Y  Z  Y  T  P  M  Y  N  R  V
A  N  M  E  D  D  W  L  B  D  H  F  Y  C
B  E  E  C  R  E  U  C  V  D  R  A  C  E
Y  F  L  R  R  Q  W  H  Y  Y  H  R  H  N
R  O  L  E  T  E  P  W  S  G  Y  W  I  F
I  E  T  D  R  V  A  E  X  I  F  O  N  I
N  D  N  O  H  G  P  D  D  A  E  L  E  G
T  D  M  A  R  W  O  L  U  D  L  D  B  E
H  X  I  U  Y  R  R  H  W  R  W  E  B  N
C  R  Y  F  D  E  R  S  I  M  R  B  F  C
O  D  I  W  Y  L  L  I  A  N  T  P  X  Q
R  B  T  I  L  Z  U  X  U  D  I  A  L  M
H  T  A  N  G  H  E  N  F  I  L  T  R  D
```

CENFIGEN	RHYFELWR
NEFOEDD	ARWR
YMDDYGIAD	ANFARWOLDEB
CREU	LABYRINTH
CREDOAU	CHWEDL
CREADUR	ANGHENFIL
DIWYLLIANT	MARWOL
DUWIAU	MELLT
TRYCHINEB	MEDDWL
CRYFDER	DIAL

22 - Ecología

```
M A Y K E S N A T U R I O L
Y M O R O L Y B R N W R L S
N R P F A Y F C Y N E F I N
Y Y L A H I Y H D R T I X
D W A G K L K M G D E F W M
D I N F O T R U E C E A P F
O A H F V R O N A T U R N A
E E I A N Q S E F L O R A G
D T G W S O A D N O D D A U
D H I N L E H A C B R O D G
E Q O A K L Z U M Y A A W G
Q R N W L Q G O R O E S I O
L L Y S T Y F I A N T G A B
C Y N A L I A D W Y V M C Q
```

CYMUNEDAU
AMRYWIAETH
FFAWNA
FLORA
BYD-EANG
CYNEFIN
MOROL
MYNYDDOEDD
NATURIOL

NATUR
GORS
PLANHIGION
ADNODDAU
SYCHDER
CYNALIADWY
GOROESI
LLYSTYFIANT

23 - Casa

```
A W B E B B L I Y J S S M Y
L B E D F C V L A T I G R S
L L W I M C J C A W O D X T
Y F A U C E T G I W D P X A
F F U M D G F A S E R J I F
R E N C P I F R L U W M B E
G N V P Z N E E A A S W A L
E E O L G S N J W F P J N L
L S X Q M I S B R D M F A W
L T R R T M Q P T Z S J D E
T R X U R N V A B W I F L L
D K F P G A R D D R Y C H Y
U N I V T I J K W W F Q Y U
D R Q X X B F T O D M N P U
```

RUG	FAUCET
ATIG	GARDD
LLYFRGELL	LAMP
SIMNAI	WAL
CEGIN	LLAWR
YSTAFELL WELY	DRWS
CAWOD	ISLAWR
BANADL	TO
DRYCH	FFENS
GAREJ	FFENESTR

24 - Artes Visuales

```
C U H P E N E L S H Z F B Y
Y F F O T O G R A F F A J W
F R Z R E Z A S E E F E K I
A D V T J B P R P J G I W L
N C E R A M E G T H L P L V
S W L E W Q R H N I L F O M
O Y S A O A W I A R S R B G
D R P D I W Q L L L A T K K
D P E N S A E R N Ï A E T H
I S H L K C A M P W A I T H
A C E R F L U N K A E K F X
D C R E A D I G R W Y D D K
F A R N A I S I A L C C L U
P E N S I L S A F B W Y N T
```

CLAI
PENSAERNÏAETH
ARTIST
FARNAIS
CWYR
CERAMEG
CYFANSODDIAD
CREADIGRWYDD
CERFLUN

FFOTOGRAFF
PENSIL
CAMPWAITH
FFILM
SAFBWYNT
PEN
PORTREAD
SIALC

25 - Escuela #2

```
C E Q P A P U R M G P L A V
B Y K G D D V E J E E L B Z
L A F D M B D P Q M N Y A P
L Q C R M W H Y F A S F C A
E Z P K I S N L S U I R A G
N S R W P F V X X G L G D R
Y H Z D J A I Z I J L E E A
D A T H R O C A V B L L M M
D A R L L E N K D K Y L A A
I S I S W R N W I U F N I D
A N W V D N Z C L P R Y D E
E F M M U F S L L O A G D G
T J I G E I R I A D U R E J
H C A L E N D R D P Y T Q X
```

ACADEMAIDD
BWS
LLYFRGELL
CALENDR
GEIRIADUR
ADDYSG
GRAMADEG
GEMAU
PENSIL

DARLLEN
LLYFRAU
LLENYDDIAETH
BACKPACK
CYFRIFIADUR
PAPUR
ATHRO
DILLAD
SISWRN

26 - Selva Tropical

```
N S L L O C H E S G X R C D
O A U Y B J Y N G L R H Y K
A M T B O T A N E G O L M D
P M F U Y A D B H V X Y Y S
A I F D R W A E M E R S L M
M W G F P A R C H P N U A W
R C R H I N S A W D D I U S
Y G J D O B A D F E R T D O
W O R Z A E I P R Y F E D G
I R H Y W O G A E T H A U L
A O V M A M A L I A I D F B
E E C Y M U N E D D A W Y O
T S C A D W R A E T H N Q U
H I G W E R T H F A W R Z Z
```

AMFFIBIAID

BOTANEGOL

HINSAWDD

CYMUNED

AMRYWIAETH

RHYWOGAETHAU

CYNHENID

PRYFED

MAMALIAID

MWSOGL

NATUR

CYMYLAU

ADAR

CADWRAETH

LLOCHES

PARCH

ADFER

JYNGL

GOROESI

GWERTHFAWR

27 - Colores

```
O R G N G T V K Z H M K I G
R J I W K P B K T I A E A T
E Y J K Y O L K Q M G S J T
N P A A P R D O G N E T G B
L I B A C F D W D X N L W E
P N D S C F E D Y G T L Y N
L C T U O O F B F G A W R N
G L J R C R K B W L T Y D F
P I W E H D U U Y A D D D I
O J B Y G W Y N R S H F L O
X T P A D G Y N C E P E A L
B R O W N D W Q B P M L S E
I N D I G O P S A I G Y O D
M P Y Q R C C N D A T N I Y
```

MELYN	BROWN
GLAS	OREN
ASUR	DU
LLWYDFELYN	PORFFOR
GWYN	COCH
GWYRDDLAS	PINC
DYFWYR	SEPIA
LLWYD	GWYRDD
INDIGO	FIOLED
MAGENTA	

28 - Adjetivos #1

```
C C H V Q I M A W R E G U G
D P Z R T F O P U T N W C W
H A E L M A D X Z Y F E H E
Q B H R O N E S T W A I E R
A S Y N F C R Q O Y W T L T
G O A G N F N O S L R H G H
F L L A C H A R Y L Q R E F
V I J D I F R I F O L E I A
P W Y S I G O V T V U D S W
N T I V V Q M A Y H Q O I R
J R D E N I A D O L A L O F
F W A Q P D T U E M X R L I
L M A T S D I N I W E D A I
V S J Y P P G F K D T W R F
```

ABSOLIWT	PWYSIG
GWEITHREDOL	DINIWED
UCHELGEISIOL	IFANC
AROMATIG	ARAF
DENIADOL	MODERN
LLACHAR	TYWYLL
ENFAWR	PERFFAITH
HAEL	TRWM
MAWR	DIFRIFOL
ONEST	GWERTHFAWR

29 - Familia

```
V  Q  G  R  P  C  B  B  M  V  N  W  F  N
C  K  D  Z  E  H  T  R  A  A  P  I  V  A
Q  H  Y  N  A  F  I  A  D  S  Y  B  T  I
E  G  W  R  A  I  G  W  B  P  W  Z  A  H
S  R  M  A  M  A  U  D  Y  H  G  S  I  U
D  Y  S  I  E  G  G  W  Z  K  T  T  D  U
U  L  U  J  T  R  X  Y  H  Y  N  A  M  U
M  E  R  C  H  E  W  Y  T  H  R  D  B  G
C  G  O  R  P  L  E  N  T  Y  N  D  O  D
L  E  P  Z  B  P  L  E  N  T  Y  N  U  X
K  J  U  L  C  E  F  N  D  E  R  F  A  M
N  A  I  N  A  Z  B  G  M  O  D  R  Y  B
D  L  J  Z  I  N  I  Ŵ  Y  R  U  D  L  I
U  X  Q  Z  V  X  T  R  Q  U  E  F  G  S
```

NAIN	MAMAU
TAID	ŴYR
HYNAFIAD	PLENTYN
GWRAIG	PLANT
CHWAER	TAD
BRAWD	CEFNDER
MERCH	NITH
PLENTYNDOD	NAI
FAM	MODRYB
GŴR	EWYTHR

30 - Disciplinas Científicas

```
A  F  Z  Z  M  A  E  T  H  Y  U  A  B  B
O  R  M  E  T  E  O  R  O  L  E  G  I  I
U  Z  C  Y  F  O  C  R  S  B  M  M  O  E
F  P  I  H  S  W  Q  A  U  D  W  L  C  I
B  F  M  E  A  S  O  Z  N  A  Y  L  E  T
I  E  I  J  B  E  B  Q  Q  E  N  Y  M  H
O  C  W  S  J  I  O  N  P  A  G  S  E  Y
L  O  N  X  I  C  F  L  H  R  L  I  G  D
E  L  O  Y  H  O  K  F  E  E  A  E  N  D
G  E  L  H  Q  L  L  C  P  G  W  U  M  I
M  G  E  X  B  E  R  E  S  L  D  E  O  A
M  J  G  Z  Z  G  K  M  G  A  D  G  L  E
O  A  N  A  T  O  M  E  G  M  V  J  X  T
W  B  K  X  B  T  S  G  R  X  Q  L  U  H
```

ANATOMEG	IMIWNOLEG
ARCHAEOLEG	IEITHYDDIAETH
BIOLEG	MECANEG
BIOCEMEG	METEOROLEG
LLYSIEUEG	MWYNGLAWDD
ECOLEG	MAETH
FFISIOLEG	SEICOLEG
DAEAREG	CEMEG

31 - Gatos

```
R K J W C H N E V D C S L C
L L Y G O D E N V Y R J P H
G F R O N E G L P C A G E W
V A G U C C P A W H Z W R A
E V I B Y U D U I Y Y Y S R
A E D A F E D D U D R L O E
C H W I L F R Y D I G L N U
C R N G Y E X X H G M T O S
H Y A P M C Y N F F O N L W
T X S F V P P J F A Y D I I
R R N G A J L G W M I K A L
F B E Y U N B Q R V O N E M
A T M L W D C L O E A Y T K
A N N I B Y N N O L D J H A
```

HELWYR
CYNFFON
CHWILFRYDIG
CYSGU
CRAFANC
EDAFEDD
ANNIBYNNOL
CHWAREUS
CRAZY

PAW
PERSONOLIAETH
FFWR
YCHYDIG
LLYGODEN
CYFLYM
GWYLLT
SWIL

32 - Cocina

```
D C S Y N C C O G E G G C B
W H B A A O W D G C R F Y O
T O E G P E D P E I I F L W
Q P I J C R G D A U L C L L
Q S S Z Y G Q Y I N J B Y F
Y T Y F N E B T W A A J L F
T I S R W L W X G J R U L E
E C Q H L L Y L L W Y A U D
G K E E R O D I L G T C O O
E S G W Y L G U J E R X I G
L W Y G S P Z P O P T Y O B
L H O E Á R O P T Z H W N E
H E S L I E P A J Y G I A Z
S S T L T F F Y R C C A D D
```

TEGELL	JWG
BWYD	CHOPSTICKS
RHEWGELL	GRIL
LLWYAU	RYSÁIT
LLETWAD	OERGELL
CYLLYLL	NAPCYN
FFEDOG	JAR
SBEISYS	CWPANAU
NODDI	BOWL
POPTY	FFYRC

33 - Escuela #1

```
C A D L F F O L D E R I Z F
I T E G L Y M Z E Z Z X R F
N M S H W Y L Q F E E L S R
I R G D L Y F Z V S Q W I I
O M M W L A D R H I F A U N
M O T Q Y T D D G Z K W F D
H A M X F E S D O E M M P I
F T T Y R B C M E R L D A A
V H T H A I W C V T D L P U
V R Q H U O I D D Y S G U D
S O Y P E N S I L F K A R N
C O R L A N N A U M T X O G
C A D E I R Y D D F A X L V
A R H O L I A D A U U L X H
```

WYDDOR	PENSIL
CINIO	LLYFRAU
FFRINDIAU	MATH
I DDYSGU	RHIFAU
LLYFRGELL	PAPUR
FFOLDERI	CORLANNAU
HWYL	ATHRO
DESG	ATEBION
CWIS	CADEIRYDD
ARHOLIADAU	

34 - Adjetivos #2

```
B Q M X U G B Y S Y C H D D
I W C R Y F F R E S C A R I
A A Y C R E A D I G O L A S
C R N T N C A I N R K L M G
H F H C A A L J A K N T A R
A E Y Y R D T Z I K Z Q T I
T R R F D I W U F N A H I F
J O C R R D W Y R A Y H G I
Z L H I N D Y J R I L M I A
R N I F M O F O X J O C Q D
A N O O S R F A W T C L H O
V S L L M O N E W Y D D Z L
E N W O G L F L I N E D I G
B M C T H L S B E I S L Y D
```

FLINEDIG
BWYTADWY
CREADIGOL
DISGRIFIADOL
DRAMATIG
CAIN
ENWOG
FFRES
CRYF
DIDDOROL

NATURIOL
ARFEROL
NEWYDD
FALCH
SBEISLYD
CYNHYRCHIOL
CYFRIFOL
HALLT
IACH
SYCH

35 - Cuerpo Humano

```
Y  Y  G  W  V  H  G  C  M  J  B  G  P  Y
Z  M  J  Y  P  L  W  Y  H  Q  K  A  V  R
O  E  M  N  O  S  A  C  J  L  F  L  X  G
I  N  A  E  O  Y  E  O  P  B  F  O  R  Z
X  N  L  B  X  C  D  E  E  U  Ê  N  U  I
O  Y  V  Y  Y  L  L  S  N  T  R  W  Y  N
R  D  H  S  Y  U  L  I  U  N  H  H  Q  N
P  D  F  Ê  N  S  Y  B  K  D  U  R  G  P
K  E  N  L  B  T  G  T  A  F  O  D  M  T
L  C  N  U  B  Z  A  W  C  R  O  E  N  A
Y  T  V  G  W  D  D  F  Y  L  L  A  W  M
G  A  E  P  L  D  H  Y  Z  D  W  K  B  T
M  E  E  C  X  I  M  U  K  A  D  W  F  O
B  G  G  P  I  G  N  P  E  N  E  L  I  N
```

ÊN	TAFOD
GEG	LLAW
PEN	TRWYN
WYNEB	LLYGAD
YMENNYDD	CLUST
PENELIN	CROEN
GALON	COES
GWDDF	PEN-GLIN
BYS	GWAED
YSGWYDD	FFÊR

36 - Ciencia

```
J A S P L A N H I G I O N C
P H T K N A T U R P A U T Y
D J S O M H B Y P A M J A F
D A T A M G G O R G A N E B
A W O N Q Q D M R G G G F C
M W A R B R A W F D W R F E
C T S C X S Z Y F H Y O A M
A F F O S I L N I I D N I E
N G L H A O J A S N D Y T G
I F N G D O I U E S O N H O
A A J L O F D D G A N N C L
E S B L Y G I A D W Y A O M
T A Z L A I D P G D D U L L
H W S G B A W P V D D J E L
```

ATOM   DDAMCANIAETH
GWYDDONYDD   LABORDY
HINSAWDD   DULL
DATA   MWYNAU
ESBLYGIAD   NATUR
ARBRAWF   ORGANEB
FFISEG   GRONYNNAU
FFOSIL   PLANHIGION
FFAITH   CEMEGOL

37 - Dinosaurios

```
Z  M  E  Z  S  C  Y  N  F  F  O  N  C  Y
J  F  A  E  S  B  L  Y  G  I  A  D  I  M
J  M  D  I  F  L  A  N  I  A  D  J  O  L
S  R  Z  X  N  V  D  Z  L  I  V  F  F  U
P  J  D  I  D  T  I  J  L  Z  D  F  N  S
C  Y  N  H  A  N  E  S  Y  D  D  O  L  G
A  M  X  J  F  H  F  E  S  D  P  S  O  I
D  A  A  V  N  D  L  N  I  A  W  I  M  A
E  W  P  M  B  Q  I  F  E  E  E  L  N  I
N  R  O  X  O  W  G  A  U  A  R  A  I  D
Y  U  A  P  Q  T  I  W  Y  R  U  U  V  L
D  Z  Y  N  S  K  H  R  N  A  S  H  O  H
D  Y  S  G  L  Y  F  A  E  T  H  U  R  H
R  H  Y  W  O  G  A  E  T  H  A  U  E  T
```

ADENYDD	MAMOTH
CYNFFON	OMNIVORE
DIFLANIAD	PWERUS
ENFAWR	CYNHANESYDDOL
RHYWOGAETHAU	YSGLYFAETH
ESBLYGIAD	YMLUSGIAID
FFOSILAU	MAINT
MAWR	DDAEAR
LLYSIEUYN	DIEFLIG

38 - Restaurante #2

```
F  D  Z  A  D  U  H  B  L  A  S  U  S  F
F  F  K  D  W  L  N  A  U  S  E  N  A  C
O  S  R  Y  C  L  R  R  L  B  R  B  L  Q
R  Q  B  W  P  W  A  O  K  E  O  R  A  V
C  S  L  Y  Y  Y  T  S  Y  I  N  V  D  Q
A  A  D  A  S  T  E  Y  P  S  W  I  D  L
D  X  G  U  G  R  H  C  E  Y  D  R  J  A
E  B  J  V  O  J  W  A  A  S  L  K  M  H
I  Â  G  L  D  Z  R  W  J  C  S  Z  D  N
R  D  I  O  D  L  T  L  I  K  E  H  Ŵ  G
Y  C  I  N  I  O  D  E  F  I  Y  N  R  S
D  V  L  L  Y  S  I  A  U  B  V  Q  S  Y
D  P  N  F  T  M  J  J  B  I  W  Z  B  K
L  C  T  F  E  V  L  O  A  L  X  L  B  N
```

DŴR	IÂ
DIOD	WYAU
AROS	CACEN
CINIO	PYSGOD
LLWY	HALEN
BLASUS	CADEIRYDD
SALAD	CAWL
SBEISYS	FFORC
NWDLS	LLYSIAU
FFRWYTH	

39 - Profesiones #1

```
D  P  L  Y  M  W  R  Y  D  W  S  V  I  C
G  O  L  Y  G  Y  D  D  A  Z  E  D  H  A
R  B  Y  G  J  I  N  I  W  V  I  B  M  R
D  B  S  T  N  Z  D  J  N  P  C  H  J  T
R  A  G  C  N  I  M  G  S  I  O  Y  H  O
G  N  E  L  E  C  E  E  I  A  L  F  E  G
R  C  N  A  A  R  D  M  W  N  E  F  L  R
D  I  N  N  R  E  D  Y  R  Y  G  O  W  A
E  W  A  R  Y  E  Y  D  Z  D  Y  R  Y  P
U  R  D  B  F  R  G  D  O  D  D  D  R  H
N  N  W  P  W  G  S  W  V  R  D  D  J  E
S  E  R  Y  D  D  W  R  R  K  N  W  E  R
M  A  B  O  L  G  A  M  P  W  R  R  V  Y
D  I  F  F  O  D  D  W  R  T  Â  N  A  D
```

SERYDDWR
MABOLGAMPWR
DAWNSIWR
BANCIWR
DIFFODDWR TÂN
CARTOGRAPHER
HELWYR
MEDDYG
GOLYGYDD

LLYSGENNAD
NYRS
HYFFORDDWR
PLYMWR
DAEAREGWR
GEMYDD
CERDDOR
PIANYDD
SEICOLEGYDD

40 - Vehículos

```
H  A  L  I  R  I  T  R  D  C  S  S  C  L
O  T  A  C  S  I  D  O  Y  L  A  H  A  L
F  F  M  G  S  V  W  C  M  O  D  U  R  O
R  S  B  W  S  H  G  E  A  U  E  S  A  N
E  K  I  E  T  U  Q  D  P  R  S  Z  F  G
N  L  W  N  I  S  F  F  O  R  D  D  A  D
N  T  L  N  R  C  W  U  D  D  E  U  N  A
Y  S  A  O  I  T  R  A  C  T  O  R  L  N
D  Q  N  L  O  S  H  W  S  J  M  T  L  F
D  P  S  V  N  L  O  R  I  O  V  Y  U  O
S  X  A  K  G  J  T  A  C  U  M  B  V  R
Y  F  F  E  R  I  R  K  A  W  Y  R  E  N
H  Y  N  K  A  A  Ê  S  O  U  C  X  X  M
B  C  S  Y  E  P  N  P  Z  G  Q  H  H  S
```

AMBIWLANS	FFERI
BWS	HOFRENNYDD
AWYREN	GWENNOL
LLU	ISFFORDD
CWCH	MODUR
BEIC	TIRION
LORI	LLONG DANFOR
CARAFAN	TACSI
CAR	TRACTOR
ROCED	TRÊN

41 - Vacaciones #2

```
Y  Y  E  G  A  A  M  H  E  U  O  N  M  Z
A  N  G  W  Y  L  I  A  U  O  A  E  A  M
F  D  Y  E  T  R  Ê  N  K  I  C  L  P  N
P  H  G  S  R  C  J  L  C  Y  L  B  T  C
O  A  Z  T  A  I  T  H  X  D  U  X  J  Y
J  M  S  Y  T  R  A  M  O  R  D  L  T  R
B  D  U  B  W  C  B  O  D  F  I  S  A  C
A  D  B  Q  O  Y  W  W  T  R  A  E  T  H
S  E  U  G  E  R  G  P  Y  I  N  T  A  F
D  N  D  H  V  D  T  W  A  T  T  R  C  A
X  J  R  N  M  A  E  S  A  W  Y  R  S  N
P  A  B  E  L  L  O  K  O  S  K  M  I  F
M  U  T  N  L  L  U  N  I  A  U  Ô  P  O
V  P  Q  W  Z  B  D  I  B  P  I  R  K  F
```

MAES AWYR	PASBORT
PABELL	TRAETH
CYRCHFAN	AMHEUON
TRAMOR	BWYTY
LLUNIAU	TACSI
GWESTY	CLUDIANT
YNYS	TRÊN
MAP	GWYLIAU
MÔR	TAITH
HAMDDEN	FISA

42 - Cumpleaños

```
R  H  O  D  D  V  D  Y  D  D  S  H  P  C
R  I  P  D  C  L  L  A  W  E  N  A  A  A
P  V  E  P  Â  I  F  X  T  M  R  P  R  R
A  R  B  E  N  N  I  G  N  H  C  U  T  D
E  V  X  H  D  A  M  S  E  R  L  S  I  I
D  O  E  T  H  I  N  E  B  I  J  I  C  A
Y  A  M  T  I  H  L  I  I  X  Q  Y  A  U
A  T  G  O  F  I  O  N  D  F  W  M  C  D
B  L  W  Y  D  D  Y  N  B  D  A  B  E  U
N  S  J  M  J  W  J  V  X  Z  Y  N  N  P
C  A  L  E  N  D  R  I  G  N  G  S  C  M
G  W  A  H  O  D  D  I  A  D  A  U  G  O
A  S  P  C  C  A  N  H  W  Y  L  L  A  U
F  F  R  I  N  D  I  A  U  X  F  X  K  R
```

LLAWEN	GWAHODDIADAU
FFRINDIAU	IFANC
BLWYDDYN	PARTI
I DDYSGU	CACEN
CALENDR	ATGOFION
CÂN	RHODD
DATHLIAD	DOETHINEB
DYDD	CARDIAU
ARBENNIG	AMSER
HAPUS	CANHWYLLAU

43 - Baile

```
D  P  O  T  V  Y  U  R  S  C  D  C  C  T
M  I  A  J  S  J  B  H  Y  O  I  O  L  R
Y  C  W  R  X  C  A  Y  M  R  W  R  A  A
N  E  R  Y  T  Y  U  T  U  F  Y  E  S  D
E  R  D  M  L  N  C  H  D  F  L  O  U  D
G  D  O  A  T  L  E  M  I  X  L  G  R  O
I  D  R  R  L  E  I  R  A  I  I  R  O  D
A  O  X  F  T  N  G  A  D  W  A  A  L  I
N  R  C  E  L  F  R  C  N  Q  N  F  L  A
N  I  B  R  O  J  A  W  C  N  T  F  L  D
O  A  Y  K  O  Y  S  F  A  V  O  I  A  O
L  E  M  O  S  I  W  N  F  U  S  L  W  L
R  T  N  E  I  D  I  O  E  G  G  E  E  L
S  H  A  C  A  D  E  M  I  X  O  O  N  H
```

ACADEMI	MYNEGIANNOL
LLAWEN	GRAS
CELF	SYMUDIAD
CLASUROL	CERDDORIAETH
COREOGRAFFI	OSGO
CORFF	RHYTHM
DIWYLLIANT	NEIDIO
DIWYLLIANNOL	PARTNER
EMOSIWN	TRADDODIADOL
YMARFER	

44 - Matemáticas

```
P  P  O  L  Y  G  O  N  R  M  N  R  B  V
E  A  C  Y  F  O  C  H  R  O  G  C  M  G
T  G  R  A  D  I  W  S  G  W  Â  R  E  V
R  A  H  A  F  A  L  I  A  D  R  Z  L  U
Y  T  I  W  L  O  N  G  L  A  U  U  H  C
A  H  F  H  M  E  A  M  F  E  S  U  R  D
L  P  A  R  B  Z  L  D  I  A  M  E  D  R
A  O  U  R  U  G  E  O  M  E  T  R  E  G
C  Y  L  C  H  E  D  D  G  Y  W  I  G  C
F  F  R  A  C  S  I  W  N  R  M  H  O  Y
C  Y  M  E  S  U  R  E  D  D  A  T  L  F
T  R  I  O  N  G  L  I  Z  T  L  M  W  R
B  E  R  P  E  N  D  I  C  W  L  A  R  O
H  N  R  H  I  F  Y  D  D  E  G  J  T  L
```

RHIFYDDEG
ONGLAU
CYLCHEDD
SGWÂR
DEGOL
DIAMEDR
HAFALIAD
FFRACSIWN
GEOMETREG
RHIFAU

CYFOCHROG
PARALELOGRAM
AMFESUR
BERPENDICWLAR
POLYGON
RADIWS
PETRYAL
CYMESUREDD
TRIONGL
CYFROL

45 - Restaurante #1

```
L  P  E  Y  D  G  S  S  F  I  R  A  N  C
D  L  S  U  B  O  S  B  C  I  Q  Q  N  E
E  Â  A  C  Y  L  L  E  L  L  F  H  L  G
W  T  R  I  I  T  C  I  P  W  D  I  N  I
I  B  I  L  N  P  N  S  U  C  B  Y  X  N
S  C  A  N  A  H  I  L  C  Y  W  I  Â  R
L  I  N  A  L  C  M  Y  P  N  Y  R  M  E
E  G  E  P  E  D  Q  D  I  H  D  Q  O  D
N  O  Z  C  R  B  O  W  L  W  T  F  L  Q
C  Q  K  Y  G  W  E  I  N  Y  D  D  E  S
B  O  Z  N  E  T  K  J  Q  S  A  W  S  P
A  F  F  U  D  G  Z  Q  F  I  F  K  Z  Y
R  C  A  F  D  M  L  J  N  O  G  Y  Q  Y
A  B  B  C  I  W  Z  G  L  N  A  M  D  K
```

ALERGEDD	BARA
COFFI	SBEISLYD
ARIAN	PLÂT
GWEINYDDES	CYW IÂR
CIG	PWDIN
CEGIN	LLAIN
BWYD	SAWS
CYLLELL	NAPCYN
CYNHWYSION	BOWL
DEWISLEN	

46 - Profesiones #2

```
G F C F U F J G F I D D W L
A A F A T H R O F E A E Y L
M X R O T L P F E I R I M A
Y E P D T S M O R T L N C W
C M D U D O F D M H U T H F
R M H D X W G W W Y N Y W E
O N R L Y I R R R D Y D I D
N Z B R P G G L A D D D L D
D Y F E I S I W R F D A Y Y
D I T E C T I F F W F B D G
N C N P E I R I A N N Y D D
E M Z F W B I O L E G Y D D
K P E I L O T Y V W P E L D
J R P J P E I N T I W R J U
```

FFERMWR
GOFODWR
BIOLEGYDD
LLAWFEDDYG
DEINTYDD
DITECTIF
FFOTOGRAFFYDD
DARLUNYDD
PEIRIANNYDD

DYFEISIWR
YMCHWILYDD
GARDDWR
IEITHYDD
MEDDYG
PEILOT
PEINTIWR
ATHRO

47 - Senderismo

```
T G J U N Q Q P D G H R H A
M R S C A N L L A W I A U N
O X W U T M D V J Y N P I I
Q F T M U E V E P L S A M F
D I V G R V S R Z L A R G E
J H C V Z Y L G S T W A Z I
H U C Y F E I R I A D T P L
G W E R S Y L L A D D O K I
C L O G W Y N M A P I I N A
U E H A U L Y Z Q X Q A Z I
P A R C I A U K Z M D E U D
R Y T R R T F E B X Ŵ P R X
V Z F L I N E D I G R B D H
A B C G N G M Y N Y D D O F
```

CLOGWYN	MYNYDD
DŴR	NATUR
ANIFEILIAID	CYFEIRIAD
ESGIDIAU	PARCIAU
GWERSYLLA	TRWM
FLINEDIG	CERRIG
HINSAWDD	PARATOI
CANLLAWIAU	GWYLLT
MAP	HAUL

48 - Naturaleza

```
R  W  Q  D  N  D  C  U  T  A  W  E  L  Z
Q  H  F  F  I  Y  O  L  R  K  Q  G  J  R
M  F  E  H  W  N  Z  C  O  E  D  W  I  G
A  Y  C  W  L  A  T  Y  F  G  U  E  B  A
F  C  N  J  L  M  X  M  A  X  W  N  S  R
O  Y  W  Y  E  I  H  Y  N  R  A  Y  E  C
N  S  D  P  D  G  F  L  N  O  W  N  N  T
C  E  A  Z  S  D  U  A  O  S  D  E  T  I
V  G  I  V  F  W  O  U  L  H  V  Y  T  G
P  R  L  A  N  I  F  E  I  L  I  A  I  D
G  W  Y  L  L  T  P  V  D  F  S  Q  A  Z
H  A  R  D  D  W  C  H  V  D  F  K  U  A
H  E  D  D  Y  C  H  L  O  N  D  U  T  E
K  X  U  K  A  N  I  A  L  W  C  H  S  I
```

GWENYN	MYNYDDOEDD
CLOGWYNI	NIWL
ANIFEILIAID	CYMYLAU
ARCTIG	HEDDYCHLON
HARDDWCH	AFON
COEDWIG	GWYLLT
ANIALWCH	CYSEGR
DYNAMIG	TAWEL
DAIL	TROFANNOL
RHEWLIF	

49 - Vacaciones #1

```
I  Y  A  D  U  E  T  O  C  Y  N  D  X  S
K  M  R  M  T  W  R  I  S  T  I  A  I  D
T  A  I  Y  G  W  S  O  G  Z  T  Z  J  N
D  D  A  M  U  U  A  M  S  E  R  L  E  N
M  A  N  B  A  L  E  L  G  U  A  B  Y  R
I  W  C  A  R  L  Z  D  P  D  M  A  M  D
N  I  L  R  J  Y  C  A  D  F  H  C  L  P
O  A  L  É  R  N  P  I  G  F  Y  K  A  W
F  D  T  L  C  Ê  S  T  Z  F  A  P  C  K
I  U  D  O  B  G  X  H  B  O  W  A  I  I
O  S  Q  I  L  O  D  V  X  Y  Y  C  O  E
G  F  P  I  J  L  E  X  H  C  R  K  U  Z
D  T  L  D  J  T  A  G  Z  T  E  O  M  F
Q  B  E  Q  W  W  I  U  D  K  N  N  D  W
```

TOLLAU	ARIAN
AWYREN	AMGUEDDFA
TOCYN	I NOFIO
CAR	YMBARÉL
DAITH	YMLACIO
AMSERLEN	YMADAWIAD
LLYN	TRAM
CÊS	TWRISTIAID
BACKPACK	

50 - Conduciendo

```
A C T D W Y C D G Q A C R T
A L R A G B E I C M O D U R
V U W M T J R O I A N X Y A
D D Y W O B D G S T R Y D F
D I D A T X D E X T G I S F
M A D I A T W L P K L N Y I
M N E N N W Y W O F O O D G
O T D A W N R C A R U B Z D
D I C A Y N M H T J I S R D
U B O I D E P E R Y G L M J
R H U K D L B D I I A Q A M
I C Y F L Y M D E R R F P M
M U F V M I P L Z Q E V P D
Z B R E C I A U M Z J C I L
```

DAMWAIN	BEIC MODUR
STRYD	MODUR
LORI	CERDDWYR
CAR	PERYGL
TANWYDD	HEDDLU
BRECIAU	DIOGELWCH
GAREJ	CLUDIANT
NWY	TRAFFIG
TRWYDDED	TWNNEL
MAP	CYFLYMDER

51 - Ballet

```
C G Y N U L L E I D F A F G
D Y C O R E O G R A F F I W
W M M Y N E G I A N N O L E
Y A N E E C Y H Y R A U Z R
S R S A R D D U L L Z C P S
E F N X U A R T I S T I G I
D E Y M U D D A W N S W Y R
D R W M T N O W U N A W D Y
Z T E C H N E G Y T G R J S
G C E R D D O R F A O H T T
X M M X Y E I C Z Y E Y K U
C Y F A N S O D D W R T U M
C E R D D O R I A E T H H E
G O S G E I D D I G V M O R
```

GOSGEIDDIG
CYMERADWYAETH
ARTISTIG
GYNULLEIDFA
DAWNSWYR
CYFANSODDWR
COREOGRAFFI
YMARFER
ARDDULL
MYNEGIANNOL

YSTUM
DWYSEDD
GWERSI
CYHYRAU
CERDDORIAETH
CERDDORFA
RHYTHM
UNAWD
TECHNEG

52 - Aventura

```
A  N  A  T  U  R  F  H  C  A  F  U  G  F
D  M  B  R  W  D  F  R  Y  D  E  D  D  F
I  L  S  K  A  N  A  R  F  E  R  O  L  R
O  V  L  E  Q  X  P  M  L  B  P  L  C  I
G  L  W  Y  R  V  D  N  E  W  Y  D  D  N
E  B  D  L  W  L  P  A  R  A  T  O  I  D
L  J  P  A  K  I  E  K  W  V  V  B  K  I
W  K  N  K  H  T  O  N  T  X  T  B  X  A
C  W  V  G  W  I  B  D  A  I  T  H  J  U
H  L  L  A  W  E  N  Y  D  D  W  T  P  J
D  E  W  R  D  E  R  T  E  I  T  H  I  O
J  B  W  K  D  H  P  E  R  Y  G  L  U  S
B  D  X  S  A  N  H  A  W  S  T  E  R  I
G  Z  S  Y  N  D  O  D  X  K  Z  O  K  W
```

LLAWENYDD
FFRINDIAU
ANHAWSTER
BRWDFRYDEDD
GWIBDAITH
ANARFEROL
AMSERLEN
NATUR
LLYWIO

NEWYDD
CYFLE
PERYGLUS
PARATOI
DIOGELWCH
SYNDOD
DEWRDER
TEITHIO

53 - Pájaros

```
F  W  D  J  Z  S  C  P  A  R  O  T  H  R
R  R  N  X  M  F  O  G  L  D  X  X  W  P
A  O  Â  R  E  F  L  W  A  C  R  Ë  Y  R
D  D  P  N  S  L  O  Y  R  I  Y  K  A  W
N  P  E  P  T  A  M  L  C  C  B  K  D  G
Y  L  N  R  R  M  E  A  H  O  J  L  E  V
A  F  G  T  Y  I  N  N  E  N  Z  I  N  W
K  L  W  U  S  N  C  L  B  I  V  E  C  Y
L  Y  I  P  G  G  O  G  O  A  W  Z  R  T
P  O  N  J  D  O  Ŵ  U  G  E  R  Y  R  I
T  W  C  A  N  E  C  Y  W  I  Â  R  D  J
X  P  Y  M  W  A  O  B  D  F  L  J  X  Y
U  N  U  A  R  L  D  S  Y  D  V  T  Q  M
P  E  L  I  C  A  N  K  A  U  M  P  S  A
```

ESTRYS	ADERYN
ERYR	HEBOG
CICONIA	WY
ALARCH	PAROT
GOG	COLOMEN
FRÂN	HWYADEN
FFLAMINGO	PELICAN
GŴYDD	PENGWIN
CRËYR	CYW IÂR
GWYLAN	TWCAN

54 - Playa

```
H  S  O  C  S  X  E  R  J  R  B  G  T  Q
U  A  Q  W  K  V  A  O  C  T  X  E  I  E
I  N  Q  C  E  A  L  R  E  Q  A  T  F  A
N  D  H  H  Q  O  X  H  F  Y  N  Y  S  W
O  A  T  H  U  Q  O  U  N  O  C  W  C  H
F  L  Y  W  B  B  U  F  F  U  R  O  V  D
I  A  W  Y  I  G  G  W  O  H  M  D  P  T
O  U  E  L  E  P  L  I  R  A  G  K  I  R
F  O  L  I  C  O  A  C  B  U  C  Ŵ  Q  R
S  I  B  O  F  Q  S  S  R  L  J  C  Y  H
Y  M  B  A  R  É  L  S  Y  A  M  H  C  L
R  Ô  E  O  H  C  B  C  U  F  N  I  E  H
R  R  H  V  E  E  V  I  B  A  K  C  U  F
A  P  N  H  Z  B  D  U  O  X  R  U  Q  L
```

TYWOD	CEFNFOR
GLAS	YMBARÉL
CWCH	SANDALAU
CRANC	HAUL
ARFORDIR	TYWEL
YNYS	GŴYL
MÔR	CWCH HWYLIO
I NOFIO	

55 - Surf

```
L Q C H D O N V V Q J X V M
Q P Q E F E N Q F P Z S Q A
L D K C F S C B O L A U M B
E W Y N R N B H E D R S V O
A T O F S Y F K R J D J T L
E A I Y L O F O F E D Q N G
T R F K Z F T D R E U Z K A
E I T H A F O L E Y L W C M
G N R W Q C R N X R L C R P
N O A Y J E F L P X W H O W
H F E L H P E N C A M P W R
L I T Z Z T Y W Y D D V V C
T O H E L S D H I L L G C L
T R B M U V D G N P H L L M
```

MABOLGAMPWR	CRYFDER
PENCAMPWR	TORFEYDD
TYWYDD	I NOFIO
HWYL	CEFNFOR
EWYN	DON
ARDDULL	TRAETH
BOLA	DECHREUWR
EITHAFOL	

56 - Geografía

```
L L E D R E D G W L A D L R
M N T I R I O G A E T H F H
I P W N K C R T P M M E H A
G O W A A H J Z W Ô A S G N
Q G B S W V R B Z R M P O B
H C Y F A N D I R U E O R A
Y E D D T G T J D U R B L R
D O M E L B Y W R C I A L T
R I G I A F O N Q N D I E H
E E M B S F F M Y L I A W Q
D E N W F F B D F S A W I M
M Y N Y D D F Z D O N E N D
U C K U C H D E R N U E O V
G O G L E D D A R S T O L K
```

UCHDER	MERIDIAN
ATLAS	MYNYDD
DINAS	BYD
CYFANDIR	GOGLEDD
HEMISFFER	GORLLEWIN
YNYS	GWLAD
LLEDRED	RHANBARTH
HYDRED	AFON
MAP	DE
MÔR	TIRIOGAETH

57 - Deportes

```
G H S I Z F C P C F H J I O
D O K T Î M P P A E M V T Y
F C L U A V L H M I B E O P
F I S F W D Q T P H N N S W
N I K R F T I O F B E I C G
W N U F K E D W A T N L A I
I T R T C S D Z M E J L N N
G Y M N A S T E G N C Y O O
C H W A R A E W R I S D L F
P Ê L F A S Q N F S O D W I
C W P C G D G F R Y D L R O
I M I P Ê L F A S G E D E X
C G S Y M U D I A D L O V Z
M A B O L G A M P W R C K P
```

MABOLGAMPWR	CAMPFA
CANOLWR	GOLFF
PÊL-FASGED	HOCI
PÊL FAS	GÊM
BEIC	CHWARAEWR
TÎM	SYMUDIAD
STADIWM	I NOFIO
ENILLYDD	TENIS
GYMNASTEG	

58 - Actividades

```
D  D  L  G  E  D  P  Y  S  G  O  T  A  P
I  A  H  E  L  A  P  G  W  A  U  V  Q  L
D  R  A  M  M  W  P  O  N  F  J  E  L  E
D  L  M  A  C  N  V  X  S  F  A  E  N  S
O  L  D  U  R  S  Y  M  L  A  C  I  O  E
R  E  D  H  E  I  C  I  O  C  U  T  X  R
D  N  E  O  U  O  C  R  E  F  F  T  A  U
E  Q  N  T  C  D  G  A  R  D  D  I  O  N
B  J  W  P  I  N  P  S  O  R  J  E  A  I
A  H  A  G  C  E  R  A  M  E  G  A  J  Y
U  Z  G  W  E  I  T  H  G  A  R  E  D  D
E  E  U  N  L  E  B  Z  X  L  Y  N  L  T
N  G  E  Ï  F  B  M  H  Z  Q  B  N  T  A
S  G  S  O  G  W  E  R  S  Y  L  L  A  T
```

GWEITHGAREDD	GEMAU
CELF	DARLLEN
CREFFTAU	HUD
DAWNSIO	HAMDDEN
GWERSYLLA	PYSGOTA
HELA	PLESER
CERAMEG	YMLACIO
GWNÏO	POSAU
DIDDORDEBAU	HEICIO
GARDDIO	GWAU

59 - Verduras

```
O  L  E  W  Y  D  D  J  O  X  J  P  S  C
K  U  N  I  O  N  C  N  Q  J  R  Y  B  I
E  G  G  P  L  A  N  T  Y  O  Y  S  I  W
Y  J  O  E  S  E  L  E  R  I  M  Q  G  C
T  E  L  R  P  W  M  P  E  N  A  H  O  Y
G  F  I  S  A  L  A  D  N  C  I  W  G  M
M  A  M  L  X  Y  Q  W  X  Z  P  M  L  B
A  P  R  I  V  S  K  T  M  R  X  X  Y  R
D  C  C  L  F  K  E  A  O  U  S  A  S  A
R  Y  X  D  L  F  H  T  R  M  L  Q  Z  D
I  V  M  C  D  E  K  W  O  L  A  K  O  I
S  I  N  S  I  R  G  S  N  Z  X  T  Q  S
A  R  T  I  S  I  O  G  H  I  Y  P  O  H
M  A  D  A  R  C  H  B  R  O  C  O  L  I
```

GARLLEG	SINSIR
ARTISIOG	MAIP
SELERI	OLEWYDD
EGGPLANT	TATWS
BROCOLI	CIWCYMBR
PWMPEN	PERSLI
UNION	RADISH
SALAD	MADARCH
SBIGOGLYS	TOMATO
PYS	MORON

60 - Instrumentos Musicales

```
N Y F F I D I L R T J M C T
A T F V J J P N D W F V L R
N V L Q I W S I R O Z G A O
O I I C T A M B W R Î N R M
U F W G I T Â R M U V W I B
B T T M A N D O L I N T N Ô
W E G Y D E X D F D E E É N
W L O O O P R B A N J O T X
V Y H G R B M A R I M B A E
O N A R N N O S H K K E O L
D J N K K M U W D K V Q M W
G F G O N G J N D Z X N F Y
V Z S A C S O F F O N E Z B
B I A Z A K K Q P I A N O T
```

TELYN
BANJO
CLARINÉT
BASWN
FFLIWT
GONG
GITÂR
MANDOLIN
MARIMBA

OBO
TAMBWRÎN
PIANO
SACSOFFON
DRWM
TROMBÔN
UTGORN
FFIDIL

61 - Escalada

```
A N A F E C U C H D E R N C
R F H Z S O U A T Y T V S H
B V Y B G R X N S S X P E W
E U S S I F F L B R P B F I
N P Y L D F N L I V E X Y L
I Z L Y I O C A L T I R D F
G Q J Q A R E W C E E J L R
W R L B U O H I G N E M O Y
R A K A C L H A M E N I G D
J Q Z M X O V U A C D J R E
H E I C I O G J P Z U Z W D
S R Q H E L M O C U C L Y D
C R Y F D E R R F T N X D Y
A W Y R G Y L C H V O L D E
```

UCHDER
AWYRGYLCH
ESGIDIAU
HELM
OGOF
CHWILFRYDEDD
SEFYDLOGRWYDD
CUL
ARBENIGWR

CORFFOROL
CRYFDER
MENIG
CANLLAWIAU
ANAF
MAP
HEICIO
TIR

62 - Mascotas

```
U K D M I L F E D D Y G A B
U P Ŵ A R E J A H E W L P Z
U L R D B I C C U N U N D C
V S K F B U W C H N O A K R
L G C A T H N O P Y D G V A
R L U L W C I L V N I D R F
Q M Y L T P N E H S L I H A
G C C G D M G R C R W B A N
A I Y E O O E V H Z B H M G
F K N N X D N P W H M P S A
R Y F B N V E S A B R I T U
S A F R K Q X N N R W N E D
X B O C Ŵ N B A C H O Y R P
T A N P Y S G O D D V T D W
```

DŴR	HAMSTER
GAFR	MADFALL
CŴN BACH	PAROT
CYNFFON	CI
COLER	PYSGOD
BWYD	LLYGODEN
CWNINGEN	CRWBAN
DENNYN	BUWCH
CRAFANGAU	MILFEDDYG
CATH	

63 - Formas

```
G Y O C Y L C H Q G A R V G
K Q W R W F L T E G O J A R
M Ĥ I H X H D I T L U Z O O
P Y R A M I D N N C I X U M
O P H R P R I S M E S P K L
L E Q S F G H H W B L U S I
Y R A R C R R P F P C L G N
G B K H O W D L E D F U W X
O O U S R N C U L T D Y Â N
N L D Y N V Ô O C H R M R L
W A B H E R N A R S G Y D E
L A G N L C I W B K L L A X
Y S I L I N D R I S R O N L
T R I O N G L P M R Y N B E
```

ARC	HYPERBOLA
YMYLON	OCHR
SILINDR	LLINELL
CYLCH	HIRGRWN
CÔN	PYRAMID
SGWÂR	POLYGON
CIWB	PRISM
GROMLIN	PETRYAL
ELIPS	TRIONGL
CORNEL	

64 - Flores

```
M H N Q F Q Z K R K N P E D
A I L A F A N T H K Q X L A
G T I E H X C B O X T V T N
N U L R L I J A S M I N E T
O S Y I G O B D Y H W S G Y
L W A R A Z G I N L L L E L
I J U X R W L B S P I O I L
A D Q F D B C Q Y C P P R E
P L U M E R I A R Q U C I W
A E H M N P E T A L N S A A
B V O J I M C S L O F Z N H
I R H N A M W P S P I X L W
Y M L L Y G A D Y D Y D D N
F Q N V M M E I L L I O N L
```

PABI

DANT Y LLEW

GARDENIA

HIBISCUS

JASMINE

LAFANT

LELOG

LILY

MAGNOLIA

LLYGAD Y DYDD

TEGEIRIAN

PEONY

PETAL

PLUMERIA

TUSW

RHOSYN

MEILLION

TIWLIP

65 - Astronomía

```
U U W C H N O F A E H G Y S
B Y D Y S A W D S Q Z O M E
Y E A T S C E R Q U L F B R
L U S S Q F C B O I L O E Y
M E T E O R L W E N O D L D
R G E R A Y I J Y O E W Y D
T V R O O R P A I X R R D W
E G O C D O S G W A E E R R
L Y I E L W E Y V Y N F E C
E L D D V P B W L K R D D G
S A E C O S M O S L W E D M
G U Z U D D A E A R F C V G
O P O Q A B L A N E D A Y A
P A E G Q D G A L A E T H R
```

ASTEROID
GOFODWR
SERYDDWR
AWYR
ROCED
CYTSER
COSMOS
ECLIPSE
EQUINOX
GALAETH

LLEUAD
METEOR
ARSYLLFA
BLANED
YMBELYDREDD
LLOEREN
UWCHNOFA
TELESGOP
DDAEAR
BYDYSAWD

66 - Tiempo

```
I  H  W  H  D  E  W  M  C  E  I  K  C  D
I  O  D  Y  F  O  D  O  L  Y  B  C  Y  K
I  N  E  N  T  C  K  E  O  Y  I  Y  N  Z
B  O  C  O  N  H  Y  H  C  E  B  O  R  E
H  L  R  S  P  F  N  M  U  N  U  D  C  H
S  G  W  I  G  L  Z  O  A  A  P  B  A  A
E  F  W  Y  D  G  L  A  S  D  N  L  L  N
D  D  O  E  D  E  Q  R  M  I  S  Y  E  N
C  I  X  H  O  D  G  E  K  U  Y  N  N  E
A  N  A  W  R  Y  Y  A  M  L  L  Y  D  R
N  I  W  G  C  D  E  N  W  G  W  D  R  D
R  J  R  H  E  D  D  I  W  D  M  D  I  Y
I  C  E  G  J  X  T  Y  D  Y  U  O  C  D
F  T  T  K  L  L  G  F  B  T  D  L  G  D
```

NAWR	HEDDIW
CYN	BORE
BLYNYDDOL	HANNER DYDD
BLWYDDYN	MIS
DDOE	MUNUD
CALENDR	SYLW
DEGAWD	NOS
DYDD	CLOC
DYFODOL	WYTHNOS
AWR	CANRIF

67 - Paisajes

```
Y  M  W  S  R  H  E  W  L  I  F  M  S  W
A  Y  M  V  O  F  G  E  E  R  I  Y  A  E
F  N  W  T  R  A  E  T  H  H  E  N  A  R
O  Y  I  Q  P  B  Y  U  P  A  T  Y  L  D
N  D  N  A  R  E  S  N  O  E  U  D  D  D
L  D  C  M  L  R  E  D  G  A  L  D  Y  O
B  L  P  V  F  W  R  R  O  D  V  I  F  N
M  N  Y  Q  E  K  C  A  F  R  P  Â  F  J
Q  P  U  N  Q  R  L  H  O  Z  E  S  R  I
X  G  P  J  G  O  R  S  W  Z  N  G  Y  L
V  E  W  L  K  K  W  A  M  Ô  R  Z  N  U
F  I  N  L  N  R  V  Y  J  J  H  G  U  O
Y  N  Y  S  F  S  K  Z  F  I  Y  D  J  V
W  M  W  C  H  F  Q  G  L  G  N  Z  N  S
```

RHAEADR	MÔR
OGOF	MYNYDD
ANIALWCH	WERDDON
ABER	GORS
GEYSER	PENRHYN
RHEWLIF	TRAETH
GWLFF	AFON
MYNYDD IÂ	TUNDRA
YNYS	DYFFRYN
LLYN	

68 - Días y Meses

```
G O R F F E N N A F T D J D
L X M V K M B Q X C B Y C Y
D Y D D M A W R T H H D A D
Y B V E P I U I I H O D L D
D T A C H W E D D L H M E L
D W W Y T H N O S K L E N L
I Q S C U M B N F N S R D U
A Y T V E V E M U V V C R N
U H Y D R E F D M I S H U M
C H W E F R O R I O E E W K
X P B L W Y D D Y N W R W L
D Y D D S U L K C A O V M O
M E H E F I N S Z W P C A B
I D Y D D S A D W R N R X Y
```

EBRILL
AWST
BLWYDDYN
CALENDR
DYDD SUL
IONAWR
CHWEFROR
DYDD IAU
GORFFENNAF
MEHEFIN

DYDD LLUN
DYDD MAWRTH
MIS
DYDD MERCHER
TACHWEDD
HYDREF
DYDD SADWRN
WYTHNOS
MEDI

69 - Chocolate

```
C Y N H W Y S I O N Q C U E
N A Q S I W G R H I I F B G
A R C T T R C A R A M E L S
U O Q A J R Y N L P R J A O
C G Y V O C R S C O N F S T
O L W M F J O A H W R A U I
C L A O E C X W Q D Y Ï S G
O H O F F L J D I R S N A K
D S R B I X Y D D S Á Z S U
G W R T H O C S I D I O L B
C R E F F T W Y R X T B K Y
R K G P N H L S J B G I Y C
N S Q Q E I Z B L A S H K L
C H W E R W A A F B K M N C
```

CHWERW
GWRTHOCSIDIOL
AROGL
CREFFTWYR
SIWGR
CACAO
ANSAWDD
GALORÏAU
CARAMEL

CNAU COCO
BLASUS
MELYS
EGSOTIG
HOFF
BLAS
CYNHWYSION
POWDR
RYSÁIT

70 - Barbacoas

```
C  X  C  Q  Z  G  C  D  W  E  F  F  J  S
W  I  F  P  C  L  H  Y  W  T  F  F  I  Y
Z  B  N  H  C  Y  T  P  L  G  R  I  L  R
O  W  F  I  I  P  W  H  N  L  W  T  H  T
T  Z  E  C  O  A  T  I  H  H  Y  N  S  H
R  R  I  T  I  S  O  B  Â  F  T  L  Q  I
P  O  E  T  H  A  L  E  N  R  H  P  L  O
U  G  S  E  A  L  U  N  E  V  N  L  T  N
P  E  H  U  F  A  S  A  W  M  Z  A  O  X
U  M  P  L  Y  D  S  M  Y  R  R  N  M  V
R  A  P  U  S  A  W  S  N  D  V  T  A  P
M  U  F  E  J  U  L  F  J  Y  L  V  T  N
C  E  R  D  D  O  R  I  A  E  T  H  O  K
Q  N  F  F  R  I  N  D  I  A  U  F  S  Z
```

FFRINDIAU	CERDDORIAETH
POETH	PLANT
SYRTHION	GRIL
CINIO	PUPUR
CYLLYLL	CYW IÂR
SALADAU	HALEN
TEULU	SAWS
FFRWYTH	TOMATOS
NEWYN	HAF
GEMAU	

71 - Ropa

```
X M P R Z P W F G L Q G K Q
V V Y P Z Y W F F W R L F F
C H W Y S W R A N F I I Y B
L U C J P G L S K M E S Y G
G S I A C E D I G E C D G E
W G L M Ô M B W B N R T O N
R A H A T W A N P I Y G D G
E R K S F A S D A G S J M E
G F R N D I G O N B L O W S
Y F S C T T E R T A K F H G
S J H R C H R V S W B U E I
V S Z Z R C T N D I X O T D
S F B R E I C H L E D D D R
X S A N D A L A U X J D K Y
```

CÔT
BLOWS
SGARFF
CRYS
SIACED
GWREGYS
ADNABOD
FFEDOG
SGERT
MENIG

GEMWAITH
FFASIWN
PANTS
PYJAMAS
BREICHLED
SANDALAU
HET
CHWYSWR
GWISG
ESGID

72 - Meditación

```
R O S X L S E G L U R D E R
N X Y A O M Y O S G O L Q C
K L L G F G N M E D D W L A
A G W F J B F J U E Z O T R
H V T Q R C W D C D B D C E
A E M U Q P M Y F G I O M D
N S D E R B Y N N B R A E I
A I J D E F K A K T X T D G
D W H A W P T T R O O K D R
L A Z W C C Y U P P M I Y W
U O H E X S H R V K Y F L Y
D I O L C H G A R W C H I D
H A P U S R W Y D D J J O D
C E R D D O R I A E T H L X
```

DERBYN
SYLW
CAREDIGRWYDD
DAWEL
EGLURDER
HAPUSRWYDD
DIOLCHGARWCH
MEDDYLIOL

MEDDWL
SYMUDIAD
CERDDORIAETH
NATUR
HEDDWCH
SAFBWYNT
OSGO
ANADLU

73 - Libros

```
L  B  H  A  N  E  S  Y  D  D  O  L  M  A
Y  I  U  E  N  O  O  O  S  R  L  A  M  T
S  F  P  D  Y  O  U  B  T  S  L  D  T  U
G  A  E  D  D  T  U  A  O  C  E  R  D  D
R  N  R  A  C  S  D  R  R  A  N  O  E  A
I  T  T  R  Y  C  O  D  I  S  Y  D  U  L
F  U  H  L  D  Y  N  D  H  G  D  D  O  E
E  R  N  L  D  F  I  O  D  L  D  W  L  N
N  J  A  E  E  R  O  N  M  I  O  R  I  O
E  O  S  N  S  E  L  I  B  A  L  O  A  F
D  F  O  Y  T  S  O  A  W  D  U  R  E  E
I  U  L  D  U  H  U  E  D  A  M  U  T  L
G  I  Q  D  N  H  T  T  W  P  D  H  H  N
C  T  R  A  S  I  G  H  A  O  K  L  L  P
```

AWDUR	DARLLENYDD
ANTUR	LLENYDDOL
CASGLIAD	ADRODDWR
CYD-DESTUN	NOFEL
DEUOLIAETH	TUDALEN
YSGRIFENEDIG	PERTHNASOL
STORI	CERDD
HANESYDDOL	BARDDONIAETH
DONIOL	CYFRES
BUDDSODDI	TRASIG

74 - Nutrición

```
G R A W N F W Y D Y D D Z A
C H W E R W P U M Z E H D N
A L U D O G O W M A I D A S
R F I T A M I N Y G E E R A
B B W Y T A D W Y S T T C W
O G A L O R Ï A U P A W H D
H J U T R E U L I A D U W D
Y F R I K P R O T E I N A U
D I E X B L A S T V E W E X
R O A A L E Y A I S C S T Y
A I G C H S S W D E H B H A
D E T J H U Y S E Z Y N N U
A C Y T B W Y S R X D P X Y
U I L M M G G W E N W Y N Q
```

CHWERW   EPLESU
ARCHWAETH   MAETH
ANSAWDD   PWYSAU
GALORÏAU   PROTEINAU
CARBOHYDRADAU   BLAS
GRAWNFWYDYDD   SAWS
BWYTADWY   IECHYD
DEIET   IACH
TREULIAD   GWENWYN
CYTBWYS   FITAMIN

75 - Bondad

```
E  H  D  S  I  C  S  T  X  W  O  B  H  F
N  P  I  G  F  Y  V  O  S  D  N  Z  A  L
T  W  B  C  Y  A  M  S  D  Y  E  A  P  F
L  I  Y  S  Q  B  W  T  U  Q  S  N  U  C
W  I  N  J  C  E  L  U  P  S  T  E  S  L
D  E  A  L  L  T  W  R  I  A  E  T  H  A
I  O  D  C  Y  F  E  I  L  L  G  A  R  F
S  X  W  C  P  Y  W  O  B  Z  J  Z  W  L
Q  T  Y  I  M  S  A  L  X  D  I  L  Y  S
P  A  R  C  H  G  O  D  D  E  F  G  A  R
S  Y  F  P  A  J  R  R  F  R  S  S  V  F
T  H  R  U  E  H  U  N  N  B  Y  Y  P  D
O  J  P  V  L  P  Y  S  B  Y  T  Y  L  E
D  C  A  R  I  A  D  U  S  N  Z  J  D  W
```

CYFEILLGAR	DILYS
CARIADUS	ONEST
SYLW	YSBYTY
TOSTURIOL	CLAF
DEALLTWRIAETH	DERBYN
HAPUS	PARCH
DIBYNADWY	GODDEFGAR
HAEL	

76 - Edificios

```
L L C Y K T V H C C A T A S
C A R S Y L L F A R G K R I
F M B G Y Y H F B L Z P C N
F G H O S T E L A E Z R H E
A U F L R Z E A N Z T I F M
T E F E Y D D T Q M N F A A
R D E C C H Y S B Y T Y R I
I D R A K G T S T X L S C X
S F M S G A F H G J V G H J
S A D T W R F O E U O O N L
D P M E E G K D A B L A S
M P E L S J U K O P T O D M
G W K L T V H U B N F R R M
G V T U Y S T A D I W M X M
```

HOSTEL
FFLAT
CABAN
CASTELL
SINEMA
YSGOL
STADIWM
FFATRI
GAREJ
YSGUBOR

FFERM
YSBYTY
GWESTY
LABORDY
AMGUEDDFA
ARSYLLFA
ARCHFARCHNAD
THEATR
TWR
PRIFYSGOL

77 - Océano

```
L E O T X L L V X P F L M L
K L N N F D M Y H Y X Z O A
Z J A B T O B A D S T O R M
U O L N A L X F B G I N F V
Q R G X W F L C H O W O I Z
F Y Â R H F P Y R D N D L C
C E U S B I L J S A A D D O
R H A L E N J W F Y N I O C
W Y S T R Y S I Q C W C H T
B Y O P D G W Y M O N O H O
A N A J Y C W R E L H N D P
N R K N S I A R C B H F G W
S G L E F R O D M Ô R J Y S
K N P W O O K J P D D Q V E
```

ALGÂU	NODDI
GWYMON	LLANW
LLYSYWOD	SGLEFROD MÔR
TIWNA	WYSTRYS
MORFIL	PYSGOD
CWCH	OCTOPWS
BERDYS	HALEN
CRANC	SIARC
CWREL	STORM
DOLFFIN	CRWBAN

78 - Ciudad

```
Z  L  F  P  L  S  F  S  T  A  D  I  W  M
S  I  O  P  L  X  Q  A  G  T  R  S  Q  N
M  Y  R  R  Y  B  O  S  R  Y  G  V  E  X
A  S  I  I  F  E  A  I  U  C  H  M  J  U
E  G  E  F  R  C  M  N  S  W  H  D  J  X
S  O  L  Y  G  W  G  E  C  L  I  N  I  G
A  L  A  S  E  S  U  M  T  K  F  S  A  Z
W  I  T  G  L  Q  E  A  F  H  B  U  Y  D
Y  S  U  O  L  L  D  Y  G  W  E  S  T  Y
R  U  X  L  E  S  D  T  O  R  F  A  B  H
S  I  O  P  L  Y  F  R  A  U  E  J  T  Y
F  V  S  C  G  F  A  I  N  J  Y  O  L  R
J  S  I  O  P  F  L  O  D  A  U  K  A  Y
A  R  C  H  F  A  R  C  H  N  A  D  P  L
```

MAES AWYR	SIOP LYFRAU
BANC	FARCHNAD
LLYFRGELL	AMGUEDDFA
SINEMA	BECWS
CLINIG	ARCHFARCHNAD
YSGOL	THEATR
STADIWM	SIOP
SIOP FLODAU	PRIFYSGOL
ORIEL	SW
GWESTY	

79 - Conservación

```
N  E  W  I  D  I  A  D  A  U  G  C  D  N
H  D  C  Y  N  A  L  I  A  D  W  Y  Ŵ  A
P  V  L  O  H  D  M  I  N  J  Y  N  R  T
J  L  F  S  S  D  W  K  G  O  R  E  P  U
S  N  A  W  Q  Y  U  P  P  J  D  F  B  R
A  C  G  L  O  S  S  A  U  E  D  I  D  I
R  V  V  X  A  G  O  T  H  I  V  N  X  O
C  Y  L  C  H  D  L  L  E  I  H  A  U  L
O  J  V  K  X  P  D  D  Y  M  K  E  G  O
C  U  N  R  M  C  R  W  I  E  C  H  Y  D
O  R  G  A  N  I  G  Y  Y  R  N  U  A  N
L  L  Y  G  R  E  D  D  D  R  V  A  P  U
G  P  A  M  G  Y  L  C  H  E  D  D  O  L
H  I  N  S  A  W  D  D  J  P  R  Y  J  X
```

DŴR	NATURIOL
AMGYLCHEDDOL	ORGANIG
NEWIDIADAU	PLALADDWYR
CYLCH	PRYDER
HINSAWDD	LLEIHAU
LLYGREDD	IECHYD
ECOSYSTEM	CYNALIADWY
ADDYSG	GWYRDD
CYNEFIN	

80 - Exploración

```
I  C  V  H  G  C  R  K  B  M  T  U  T  M
V  D  Y  N  S  O  K  K  L  O  K  L  E  K
L  E  D  F  H  W  F  E  I  M  H  N  I  X
L  W  T  Y  F  S  Y  O  N  T  N  F  T  L
B  R  P  A  S  R  R  L  D  G  I  J  H  T
I  D  O  W  X  G  O  D  E  W  K  S  I  C
A  E  Z  X  X  T  U  P  R  V  E  O  I
I  R  K  A  N  I  F  E  I  L  I  A  I  D
T  O  A  N  E  R  G  L  W  L  G  A  E  Q
H  G  X  Y  W  I  Z  L  N  T  T  L  R  D
J  A  N  H  Y  S  B  Y  S  L  L  S  D  Z
W  P  E  N  D  E  R  F  Y  N  I  A  D  O
Y  U  S  N  D  L  D  K  G  V  N  Y  W  J
D  I  W  Y  L  L  I  A  N  N  A  U  J  F
```

BLINDER

ANIFEILIAID

I DDYSGU

DEWRDER

DIWYLLIANNAU

ANHYSBYS

PENDERFYNIAD

PELL

CYFFRO

GOFOD

IAITH

NEWYDD

GWYLLT

TIR

TEITHIO

81 - Actividades y Ocio

```
W  T  G  R  U  D  S  J  P  V  R  I  K  N
P  Ê  L  F  O  L  I  Y  F  Ê  B  B  V  O
R  K  Q  M  D  J  B  G  R  C  L  F  Q  F
G  A  R  D  D  I  O  T  U  F  J  F  H  I
O  W  I  Q  G  O  C  E  L  F  F  L  A  O
L  Y  E  E  X  J  S  N  X  A  F  I  I  S
F  M  X  R  W  T  I  P  F  O  P  N  O  T
F  L  S  P  S  I  O  P  A  J  V  V  G  E
O  A  L  C  P  Y  S  G  O  T  A  L  B  I
V  C  Q  I  D  K  L  H  E  I  C  I  O  T
K  I  R  N  T  S  H  L  V  A  Q  Q  T  H
L  O  Y  W  N  Z  T  F  A  Q  W  I  P  I
P  Ê  L  F  A  S  G  E  D  E  I  F  I  O
C  E  T  L  T  T  E  N  I  S  S  M  F  D
```

CELF	NOFIO
PÊL-FASGED	PYSGOTA
PÊL FAS	YMLACIO
BOCSIO	HEICIO
DEIFIO	SYRFFIO
GWERSYLLA	TENIS
SIOPA	TEITHIO
GOLFF	PÊL-FOLI
GARDDIO	

82 - Comida #1

```
B  R  Z  U  L  T  A  B  M  L  C  Y  H  S
S  A  L  A  D  C  I  G  A  B  A  C  A  L
I  H  T  I  W  N  A  T  I  S  P  A  I  E
N  M  A  H  M  I  C  J  P  Y  I  W  D  M
A  E  S  L  D  L  L  A  E  T  H  L  D  O
M  F  B  M  E  Y  G  A  R  L  L  E  G  N
O  U  I  U  X  N  E  S  V  Q  S  Y  E  S
N  S  G  N  J  C  L  R  M  U  D  F  F  S
U  L  O  I  E  C  L  M  O  R  O  N  U  U
L  A  G  O  M  P  Y  U  F  P  L  X  K  D
A  S  L  N  E  B  G  J  V  X  E  B  T  D
W  U  Y  Z  E  A  N  X  T  V  F  W  Q  Z
Z  S  S  I  W  G  R  I  L  W  B  K  Y  Z
W  U  G  I  C  F  N  U  B  D  D  D  F  K
```

GARLLEG
BASIL
TIWNA
SIWGR
SINAMON
CIG
HAIDD
UNION
SALAD
SBIGOGLYS

MEFUS
SUDD
LLAETH
LEMON
BATHDY
MAIP
GELLYG
HALEN
CAWL
MORON

83 - Virtudes #1

```
D D Z C E T D D A V L A E S
O I Y A L S D E R J Y Â G U
E A B C B A E A T H C P N X
T N E Y A J F L I E G E D S
H G F M N N N L S W Y N O L
Y E F E N A Y U T H M D J Z
U R E D I J D S I A A A O C
A D I R B E D W G E R N U F
Z D T O Y N I V Y L F T E O
M O H L N H O U M M E K U C
G L L J N Y L Q D I R R N P
F F O S O T B C U K O N R Y
W X N F L D A C P H L F X B
C H W I L F R Y D I G X E F
```

ANGERDDOL
ARTISTIG
DA
CHWILFRYDIG
PENDANT
EFFEITHLON
SWYNOL
DIBYNADWY
HAEL

ANNIBYNNOL
DEALLUS
LÂN
CYMEDROL
CLAF
YMARFEROL
DOETH
DDEFNYDDIOL

84 - Literatura

```
B N J Y N F F U G L E N B R
G A L T R T C E U D C C Y H
I W R C H W E D L E Y Y W Y
N D A D U C R P S I M F G T
W U K D D U D U N A H A R H
Y R W D R O D S O L A T A M
T H E M A O N G F O R E F S
X P C A X I D O E G I B F M
A R D D U L L D L H A I I P
T R O S I A D W W W E A A X
D R Y C H I N E B R T E D A
L H K X F N W D N O H T Z B
J H K C A S G L I A D H L A
D I S G R I F I A D K L E A
```

CYFATEBIAETH
CHWEDL
AWDUR
BYWGRAFFIAD
CYMHARIAETH
CASGLIAD
DISGRIFIAD
DEIALOG
ARDDULL
FFUGLEN

TROSIAD
ADRODDWR
NOFEL
CERDD
BARDDONOL
ODL
RHYTHM
THEMA
DRYCHINEB

85 - Baño

```
C F L J S I S W R N O D D I
A X R K W Q E I B G T H U T
W D E U I Q B F A U C E T M
O V P H G E O F T M Q F Y H
D M T C O G N K H X P R W K
R M R E D V T O I L E D E M
A G E R L I B T J V R Ŵ L P
M G D A Q I W I U A S R J P
J B V H S O Y B I D A Z B J
Q X D R Y C H Q V X W V G T
U E G H T J P V B H R W V U
N F G D B W Q T K S U R L C
Z A I Q R K M R O V V H B P
Q S I J B R I R Q O W J A G
```

DŴR	NODDI
RUG	FAUCET
TOILED	SEBON
BATH	ELI
SWIGOD	PERSAWR
SIAMP	SISWRN
CAWOD	TYWEL
DRYCH	AGER

86 - Clima

```
A W Y R G Y L C H T A G E D
Q W K F H N G S V O P W E D
D M E L L T U N R R S M Y E
Y A C L E Y K J H N I W L R
T R O F A N N O L A Â K N L
C M T T S S Y C H D E R C L
J O A M N T G P I O O S W I
P N R W V O W F N J X Z M F
O S A W C R Y V S E S V W O
L Ŵ N T Y M N H A S R T L G
A N A N X N T K W S Y C H Y
R O U C P R T L D I B X S D
T Q P K V J R M D F C L M D
N T Y M H E R E D D L B F A
```

AWYRGYLCH
AWEL
AWYR
HINSAWDD
IÂ
CORWYNT
LLIFOGYDD
MONSŴN
NIWL
CWMWL

POLAR
MELLT
SYCH
SYCHDER
TYMHEREDD
STORM
TORNADO
TROFANNOL
TARANAU
GWYNT

87 - Comida #2

```
B T D B A R A F A L L E F Z
R A O E G G P L A N T R W U
G Q N M Y J G W M I G Z W Z
I F X A A R V N I O G W R T
T I Z J N T R S R Y N P N A
V N I X P A O C E I R I O S
Z I G R A W N W I N G S A Z
X C I W I R O U S V W I R F
W Y P Y S G O D P M E N T O
Q W S E L E R I O Q N S I N
S I O C L E D X F D I I S I
I Â E A O P Y V T S T R I X
T R S W Q H H T L J H L O P
Z U T S Y H B O N W K U G T
```

ARTISIOG
ALMON
SELERI
REIS
EGGPLANT
CEIRIOS
SIOCLED
WY
SINSIR
CIWI

AFAL
BARA
PYSGOD
BANANA
CYW IÂR
CAWS
TOMATO
GWENITH
GRAWNWIN
IOGWRT

88 - Castillos

```
B  T  A  R  I  A  N  F  F  I  W  D  A  L
C  O  T  W  R  X  M  P  W  K  O  K  K  Y
E  A  N  C  H  G  X  K  M  K  I  G  Q  M
F  C  T  H  U  N  I  C  O  R  N  A  Z  E
F  L  Y  A  E  Q  K  U  Y  M  K  E  Y  R
Y  E  W  R  P  D  Y  N  E  S  P  R  J  O
L  D  Y  I  A  U  D  E  Y  R  N  A  S  D
M  D  S  M  L  Q  L  I  Q  V  A  G  L  R
N  Y  O  D  A  H  Q  T  G  O  R  O  N  A
V  F  G  U  S  R  P  X  V  W  F  P  N  E
J  H  E  K  Q  N  C  W  A  L  W  T  Y  T
Y  L  S  G  X  O  F  H  Z  Z  I  P  V  H
Y  A  X  T  Y  W  Y  S  O  G  S  K  W  A
D  D  R  A  I  G  Q  F  T  G  G  X  R  K
```

ARFWISG	GAER
MARCHOG	YMERODRAETH
CEFFYL	BONHEDDIG
CATAPULT	PALAS
GORON	WAL
DYNES	TYWYSOGES
DDRAIG	TYWYSOG
TARIAN	DEYRNAS
CLEDDYF	TWR
FFIWDAL	UNICORN

89 - Arte

```
C P H B C S C Y M H L E T H
E A W H Y M Y F F I G U R J
R E Y G F S Y M L V N D H V
F N L W A L V N B M O F V E
L T I R N F R D E O N E S T
U I A E S P W N C G L R L D
N A U I O Y Y N X Z I P E Y
K D N D D C R E U C P A R E
B A R D D O N I A E T H N E
L U K I I Q H P T R B C U T
O D O O A G Z C O A O G O J
S X R L D I O U E M F U S X
P E R S O N O L S I C K N O
P O R T R E A D U G C E U A
```

CERAMIG
CYMHLETH
CYFANSODDIAD
CREU
CERFLUN
MYNEGIANT
FFIGUR
ONEST
HWYLIAU

GWREIDDIOL
PERSONOL
PAENTIADAU
BARDDONIAETH
PORTREADU
SYML
SYMBOL
PWNC

90 - Herboristería

```
M A R J O R A M A P A P S K
E B A T H D Y R N L N C A U
C L A F A N T M S A P Y F O
T O O M Z K K W A N O N F U
E D G W Y R D D W H K H R K
Y Y U I N Y N L D I P W W O
H N O Y N I G B D G E Y M T
X M C Q Z I R L D I R S K B
X E O Q M M O A L O S I J S
F F E N I G L S D N L O O V
G A R D D B A S I L I N S D
R C K G G A R L L E G T X M
T A R A G O N R H O S M A R
V Q M C Q W A R O M A T I G
```

GARLLEG
BASIL
AROMATIG
SAFFRWM
ANSAWDD
COGINIO
DIL
TARAGON
BLODYN
FFENIGL

CYNHWYSION
GARDD
LAFANT
MARJORAM
BATHDY
PERSLI
PLANHIGION
RHOSMAR
BLAS
GWYRDD

91 - Verano

```
G T E U L U K B N A T Y C T
Ŵ L F K S H X W J P V V E E
Y M L A C I O Y R X S Ê R I
L G T S D G F D P X H O D T
L K Z R C O B G E M A U D H
L F G A A D Z W A Ô M F O I
Y F Q C R E E B A R D C R O
F R J B T N T I Y V D U I I
R I K U R E L H F J E D A N
A N J H E I A B R I N Z E O
U D Y M F M M J I S O Z T F
J I K A T G O F I O N I H I
S A N D A L A U H M M F F O
C U U S T L L A W E N Y D D
```

LLAWENYDD	MÔR
FFRINDIAU	CERDDORIAETH
DEIFIO	I NOFIO
BWYD	HAMDDEN
SÊR	TRAETH
TEULU	ATGOFION
CARTREF	YMLACIO
GARDD	SANDALAU
GEMAU	GŴYL
LLYFRAU	TEITHIO

92 - Insectos

```
G W E N Y N M X D C M A T P
Z W Z F G N E O A V A P Z R
U B A S Q W N A S S V H Q Y
L G M S B T Y R W G J I Z F
A I G R Y K T F K A I D P T
L A R F A N D U Y H S T A L
C H W A I N E P B N W G O A
L O C U S T M I O P C L C D
H R I H K F A G D M A Ö H Y
O T C Q R F N H D R C Y W B
B I A Z R K T T Z S Y N I U
F H D O H A I O A W N B L G
Y H A S H P S V Z T E Y E B
C H W I L E N D D U N W N K
```

GWENYN
CACYNEN
APHID
CICADA
CHWILEN DDU
CHWILEN
PRYF
LOCUST

LARFA
GWAS Y NEIDR
MANTIS
GLÖYN BYW
LADYBUG
MOSGITO
GWYFYN
CHWAIN

93 - Especias

```
P  L  G  H  Z  E  B  E  C  H  W  E  R  W
A  L  V  D  Y  D  L  I  C  O  R  I  C  E
K  N  S  U  Q  P  A  P  R  I  K  A  F  W
U  H  I  T  H  Q  S  I  N  S  I  R  M  I
G  N  H  S  V  J  I  C  W  M  I  N  P  N
A  Y  I  H  E  L  N  Y  T  E  F  L  U  F
R  T  O  O  C  A  A  R  I  G  A  V  P  Z
L  M  G  M  N  S  M  I  L  U  N  U  U  W
L  E  N  S  I  U  O  H  A  J  I  A  R  V
E  G  B  G  X  R  N  C  A  H  L  H  W  R
G  P  S  A  F  F  R  W  M  L  A  N  Z  S
F  F  E  N  I  G  L  M  B  B  E  K  N  A
F  X  U  H  O  B  T  J  I  S  M  N  W  H
A  X  C  X  N  M  E  L  Y  S  N  B  J  X
```

SUR	MELYS
GARLLEG	FFENIGL
CHWERW	SINSIR
ANISE	NYTMEG
SAFFRWM	PAPRIKA
SINAMON	PUPUR
UNION	LICORICE
EWIN	BLAS
CWMIN	HALEN
CYRI	FANILA

94 - Emociones

```
T R I S T W C H L P Q P W C
T E S S R D S Q L S W N Y A
F Y Y R U S A M O F N A N R
D O N C W B L Z N V L O F E
W I D E J O F N Y X L E Y D
U Q O L R H Y D D H A D D I
J N D L O W Z H D A W I G G
P M H Y C N C E W M E F Y R
P W M W P H L H C D N L F W
D E Q R Y K G C H D Y A F Y
C Y N N W Y S A A E D S R D
H E D D W C H R R N D T O D
D I C T E R K U B O Y O U D
D A W E L S O X I L M D S V
```

DIFLASTOD
DIOLCHGAR
LLAWENYDD
RHYDDHAD
CARU
WYNFYD
CAREDIGRWYDD
DAWEL
CYNNWYS
GYFFROUS

DICTER
OFN
HEDDWCH
HAMDDENOL
FODLON
SYNDOD
TYNERWCH
LLONYDDWCH
TRISTWCH

95 - Mediciones

```
U L K I S C L I Y T H H M S
C K L P H A J G I U A C K F
H Y U E Y N E C D D V Y Z O
D M Z I D O W N S E N F C A
E E B N Y L N T B X G R A M
R S G T F F C F J I R O B O
D U G U N A I O I S A L L D
J R B N D N L Z O J D S T F
T Y D N E B O I O W D L T E
B D H E R F G P T B E I T D
R D U L A B R A D R F P V D
L O A L W M A Q T N W Z G V
U J U L K À M U N U D G T Z
E P P W Y S A U S M Q D S F
```

UCHDER
LLED
BEIT
CANOLFAN
DEGOL
GRADD
GRAM
CILOGRAM
LITR
HYD

MÀS
MESURYDD
MUNUD
OWNS
PWYSAU
PEINT
DYFNDER
MODFEDD
TUNNELL
CYFROL

96 - Barcos

```
M  R  I  T  S  M  B  C  L  L  U  M  F  T
Y  Z  H  E  Z  B  L  R  E  C  E  Ô  M  O
D  V  E  A  Q  U  L  I  O  A  G  R  K  N
F  S  X  T  F  T  Y  W  B  N  T  C  T  N
Y  F  Q  K  T  F  N  E  M  Ŵ  F  A  M  A
Z  Z  E  C  W  C  H  H  W  Y  L  I  O  U
N  C  V  R  B  P  A  X  Y  F  L  A  R  H
Q  E  V  C  I  E  G  Y  A  U  A  C  W  W
G  F  P  L  R  I  S  M  F  A  N  X  R  Y
A  N  G  O  R  R  F  D  F  X  W  H  O  L
Q  F  O  T  J  I  P  R  Y  N  U  Z  L  I
G  O  O  V  Y  A  M  O  R  W  R  W  C  O
Q  R  X  N  Y  N  H  D  U  X  P  I  D  U
I  P  D  U  Q  T  U  R  I  Y  R  Y  Z  G
```

ANGOR	MORWR
LLU	MWYAF
PRYNU	PEIRIANT
CANŴ	MORWROL
RHAFF	CEFNFOR
FFERI	TONNAU
CAIAC	AFON
LLYN	CRIW
MÔR	CWCH HWYLIO
LLANW	HWYLIO

97 - Antártida

```
D X A Y S W T P D C C P P C
A D D Z M O Y E A Q Y E A A
E G A E Y C M N I Z M N U D
A W R T G Q H G T G Y R C W
R Y M U E H E W H W L H X R
Y D C U U X R I I R A Y R A
D D Y S D H E N M L U N B E
D O F F X O D I A W G A T
I N A V J G D A Z O Y D E H
A O N J I I Ŵ I I Â X N D X
E L D A D I R D F X R S A H
T Y I B M Y N S O E D D U
H U R H E W L I F O E D D R
H K C R E I G I O G K G N D
```

DŴR
BAE
GWYDDONOL
CADWRAETH
CYFANDIR
DAITH
DAEARYDDIAETH
RHEWLIFOEDD
IÂ
YMCHWILYDD

YNYSOEDD
MUDO
MWYNAU
CYMYLAU
ADAR
PENRHYN
PENGWINIAID
CREIGIOG
TYMHEREDD

98 - Piratas

```
T R U M C R I W K T X D F P
A R F Z N W H B R R V C C A
L N Y N Y S M A P R X T L R
W T T S O C A N E X D B E O
A P S U O R H E R U R H D T
N L H Q R R P R Y R W B D U
G I U A P U H N G E G X Y X
O G O F X B C J L N C X F U
R T O S Z V R F C H W E D L
K T R O L L A V A K M W T B
T F H A G L I Z P Z P K G H
O K M L E L T P T A A F U U
E D S B W T H A E U W L F R
T H Q G O W H O N R D T P U
```

ANGOR	PAROT
ANTUR	DRWG
BANER	MAP
CWMPAWD	AUR
CAPTEN	PERYGL
CRAITH	TRAETH
OGOF	RUM
CLEDDYF	TRYSOR
YNYS	CRIW
CHWEDL	

99 - Mamíferos

```
L L W Y N O G T H G F M C V
P H D E F A I D A O A O E O
L S Y A D C I O Q R H R F K
E E K K O W W M Y I W F F B
C A M E L N S G U L I I Y E
R Q W V F I E H C A E L L L
A Z D Z F N B W N S R U W I
S M C H I G R C O Y O T E F
M F X P N E A X T N C P H F
I W T N O N I H P U A I S A
C N N B L A I D D R T Y W N
I O U C M R F T W H H R G T
T K R X I W R J I R A F F U
K A N G A R O O V K R E D L
```

MORFIL	CATH
ASYN	GORILA
CEFFYL	JIRAFF
CAMEL	BLAIDD
KANGAROO	MWNCI
SEBRA	ARTH
CWNINGEN	DEFAID
COYOTE	CI
DOLFFIN	TARW
ELIFFANT	LLWYNOG

100 - Abejas

```
E B W P B L O D Y N B F P C
C U I H A U L W U B L F R W
O J L V B I P G Q E O R Y Y
S C W C H K L N I J D W F R
Y A A Q H Y A L O G A Y E X
S D M W G G N B R P U T D K
T E R D A B H W U Y M H F H
E N Y H R I I Y C D V Ê F V
M Y W A D Y G D K J D D L L
N D I I D Q I R M W J I F P
K D A D Y C O K E W B I O B
B R E N H I N E S K K F O L
U T T Q O N J E I C J R E H
S G H P P E I L L I O Q O Z
```

ADENYDD
BUDDIOL
CWYR
CWCH
BWYD
AMRYWIAETH
ECOSYSTEM
HAID
BLODYN
BLODAU

FFRWYTH
MWG
PRYFED
GARDD
MÊL
PLANHIGION
PAILL
PEILLIO
BRENHINES
HAUL

1 - Ajedrez

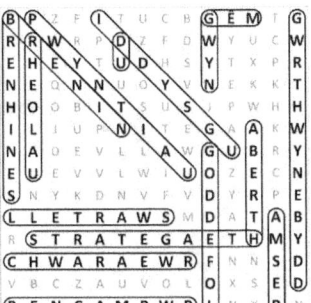

2 - Agua

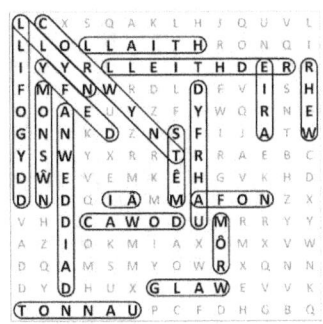

3 - Granja #2

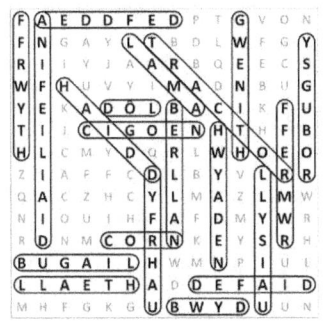

4 - Pesca

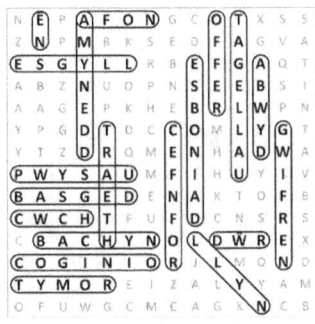

5 - Aviones

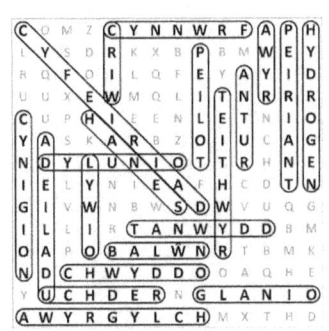

6 - Tipos de Cabello

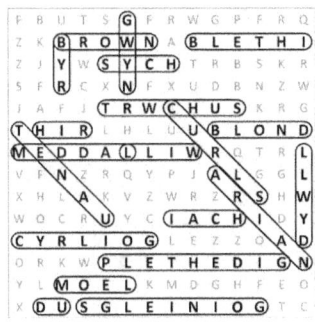

7 - Ciencia Ficción

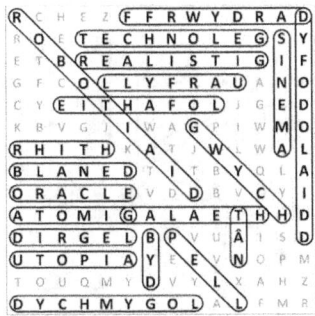

8 - Juguetes

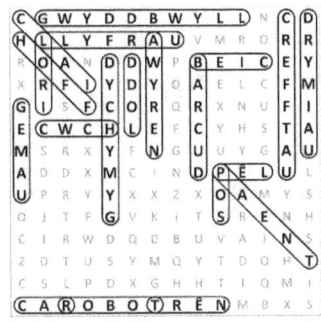

9 - Circo

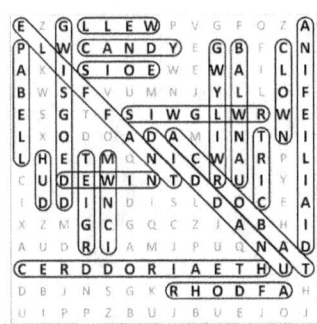

10 - Rellenar

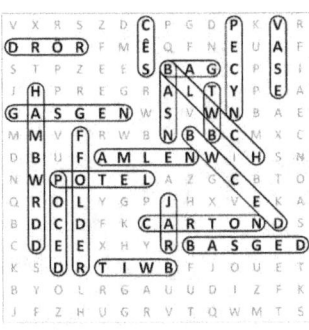

11 - Granja #1

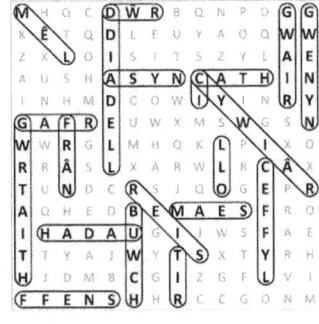

12 - Camping

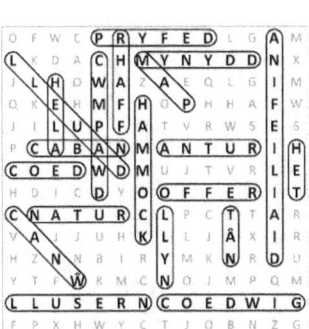

13 - Fruta

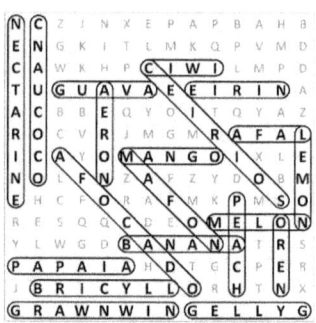

14 - Geología

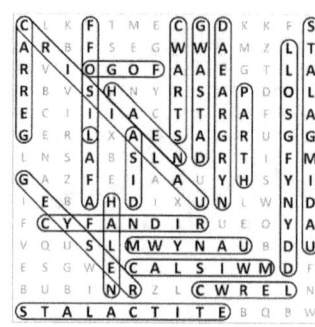

15 - Plantas

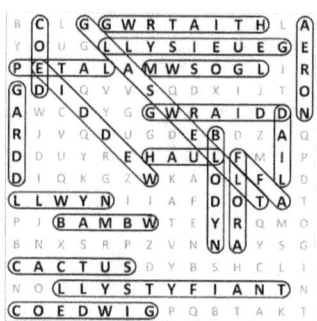

16 - Suministros de Arte

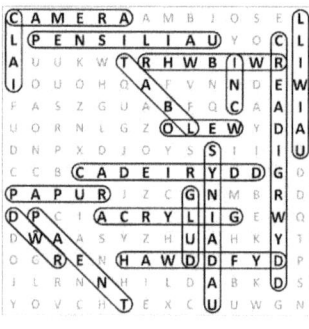

17 - Jardín

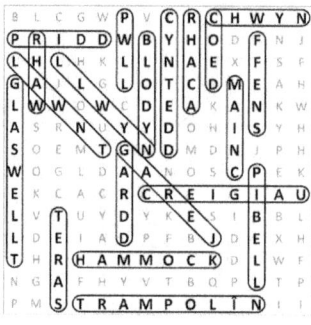

18 - Países #2

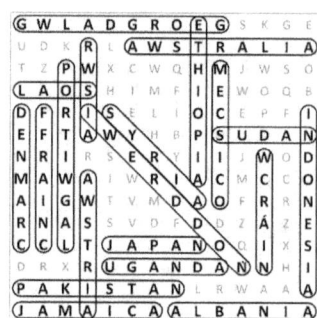

19 - Tecnología

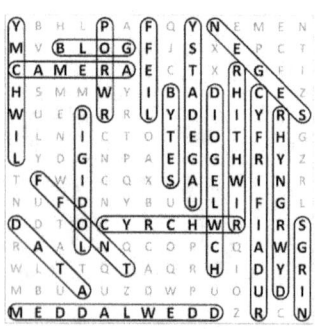

20 - Números

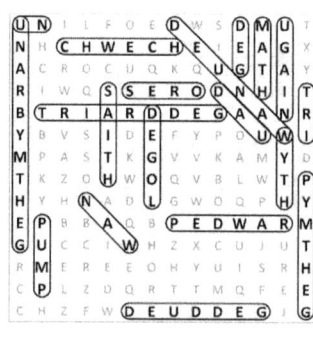

21 - Mitología

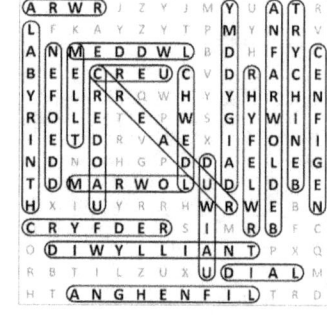

22 - Ecología

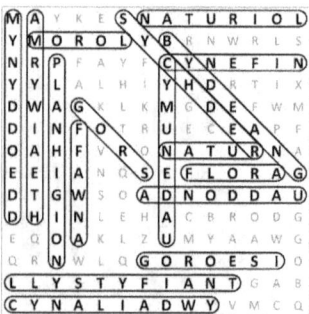

23 - Casa

24 - Artes Visuales

25 - Escuela #2

26 - Selva Tropical

27 - Colores

28 - Adjetivos #1

29 - Familia

30 - Disciplinas Científicas

31 - Gatos

32 - Cocina

33 - Escuela #1

34 - Adjetivos #2

35 - Cuerpo Humano

36 - Ciencia

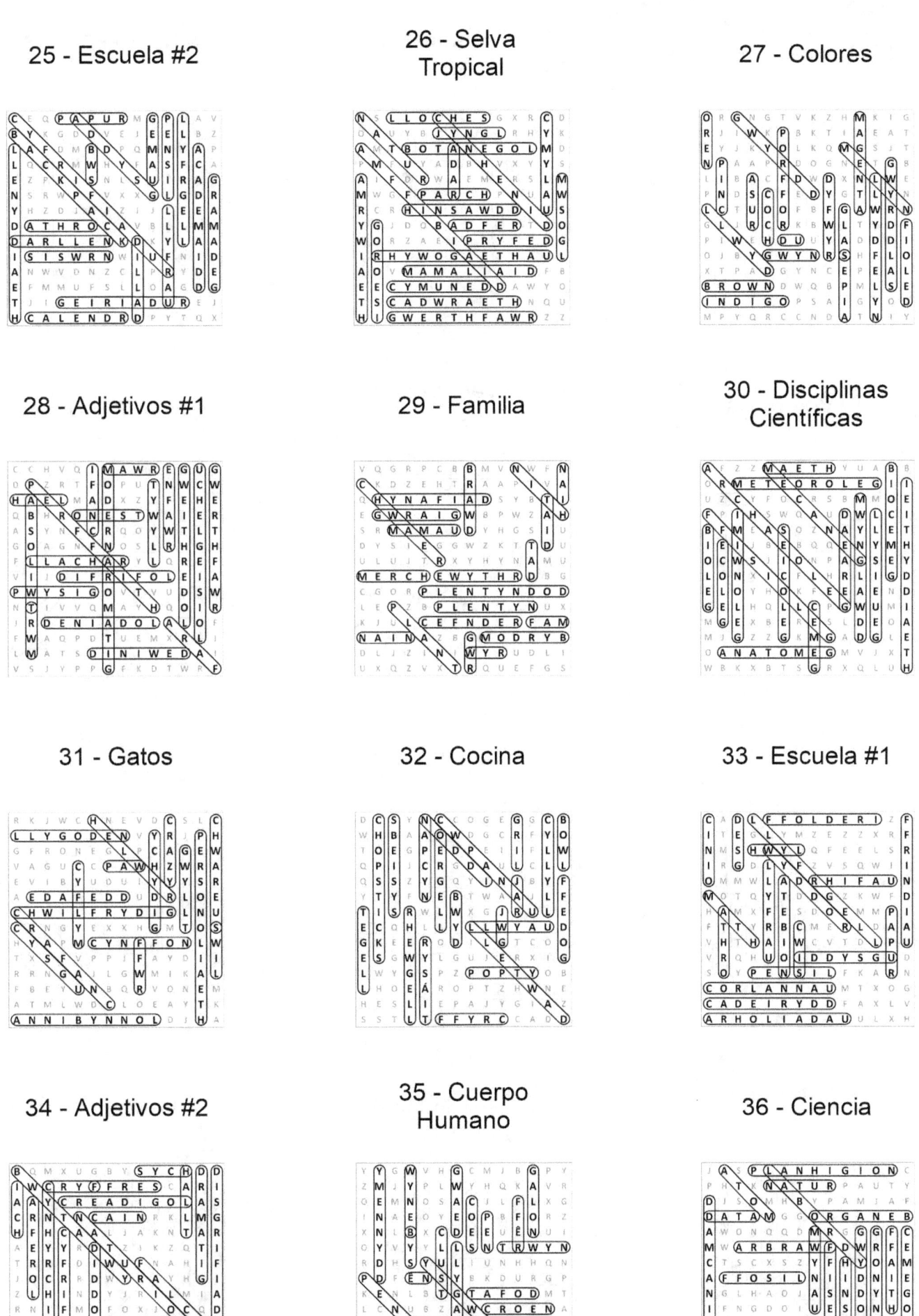

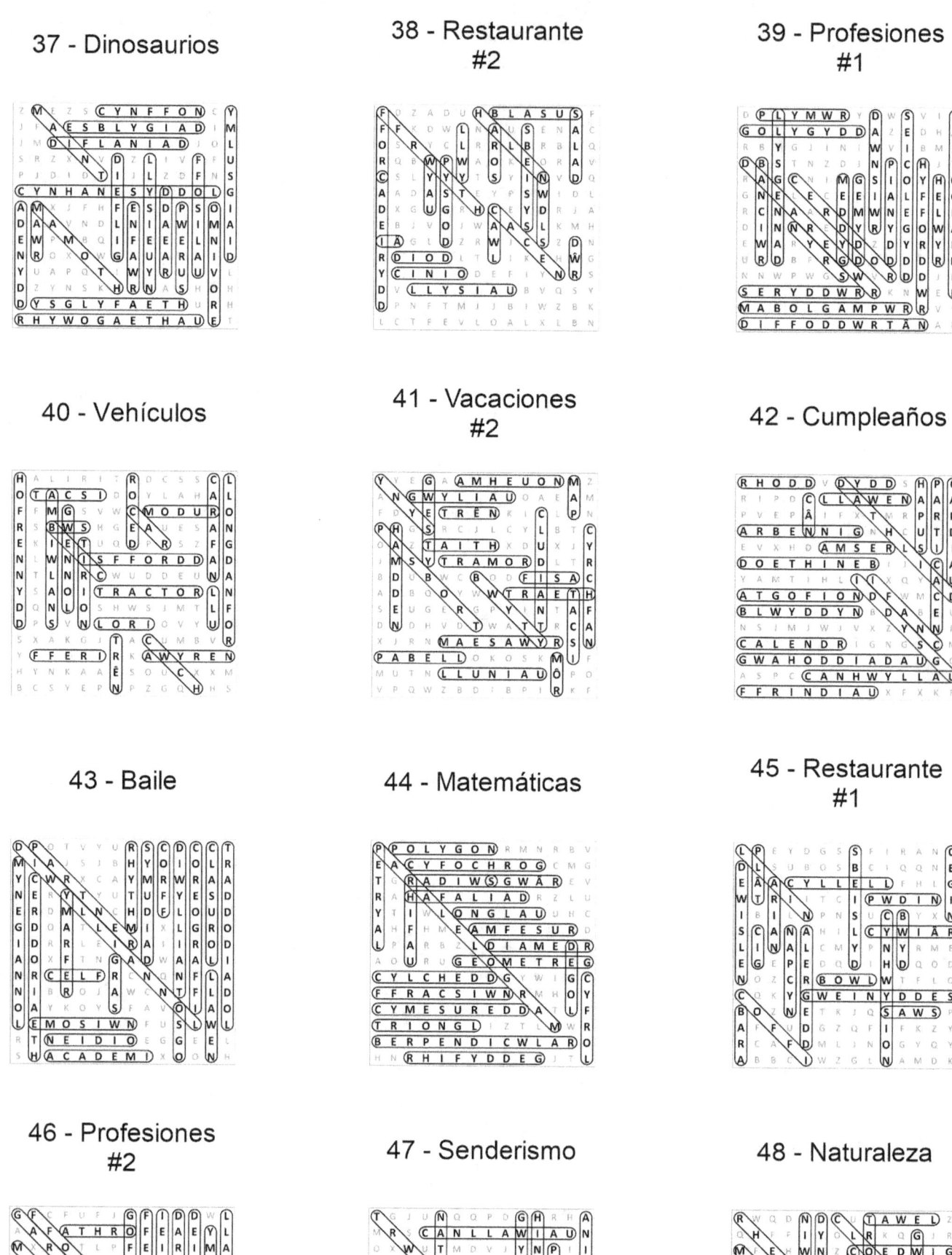

37 - Dinosaurios

38 - Restaurante #2

39 - Profesiones #1

40 - Vehículos

41 - Vacaciones #2

42 - Cumpleaños

43 - Baile

44 - Matemáticas

45 - Restaurante #1

46 - Profesiones #2

47 - Senderismo

48 - Naturaleza

49 - Vacaciones #1

50 - Conduciendo

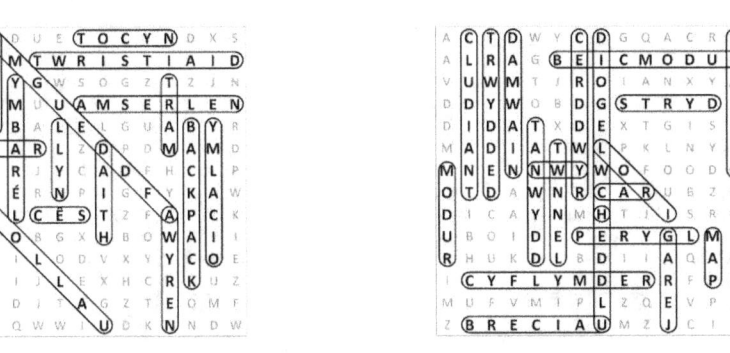

51 - Ballet

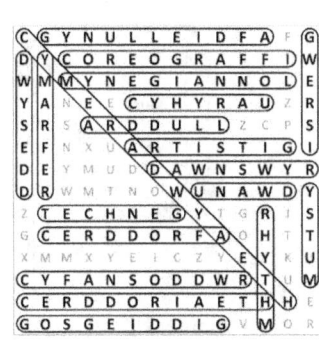

52 - Aventura

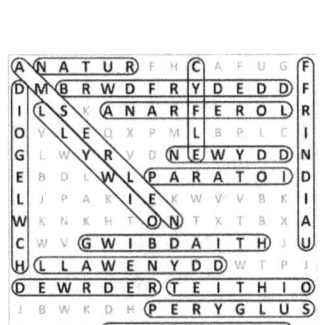

53 - Pájaros

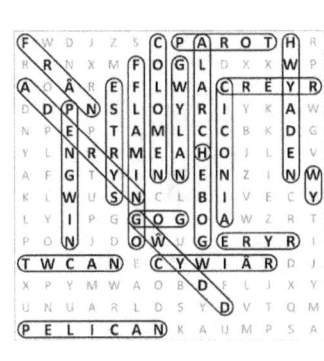

54 - Playa

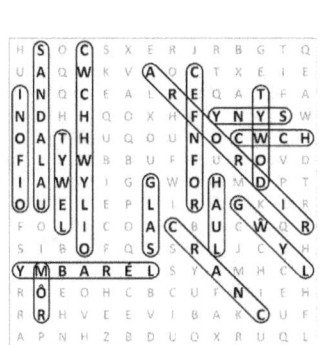

55 - Surf

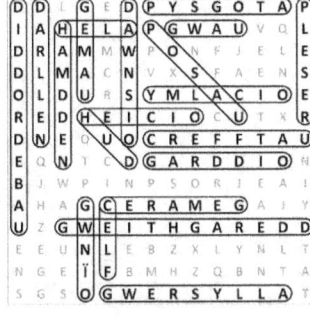

56 - Geografía

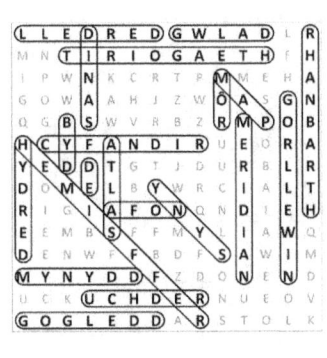

57 - Deportes

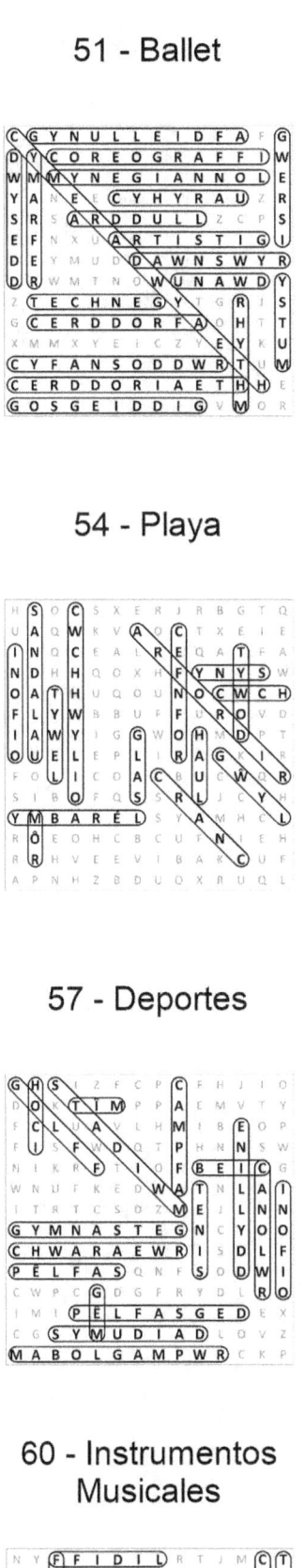

58 - Actividades

59 - Verduras

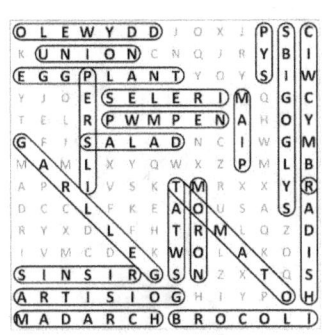

60 - Instrumentos Musicales

61 - Escalada

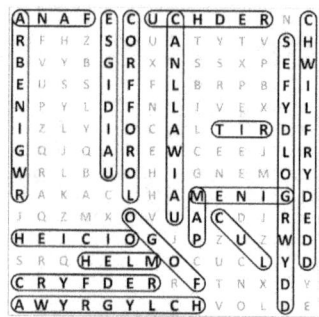

62 - Mascotas

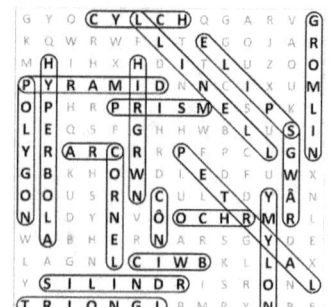

63 - Formas

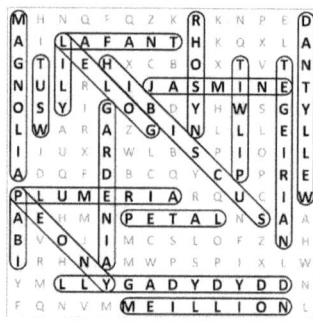

64 - Flores

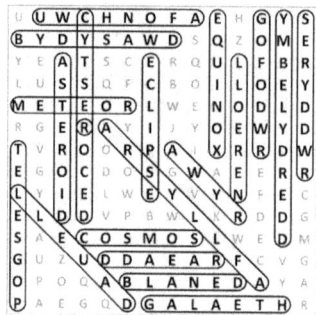

65 - Astronomía

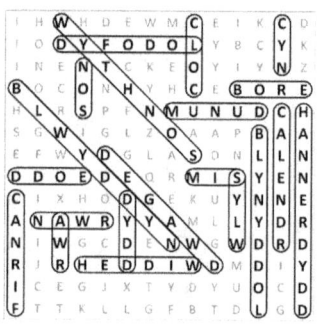

66 - Tiempo

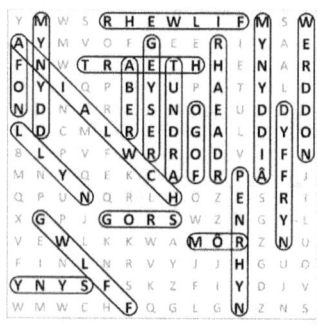

67 - Paisajes

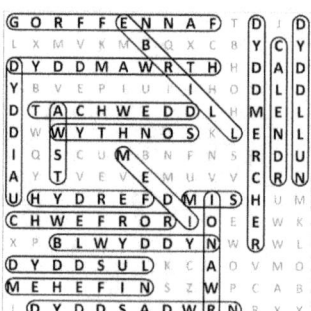

68 - Días y Meses

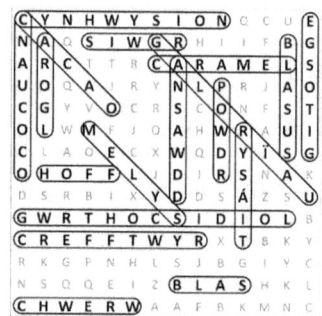

69 - Chocolate

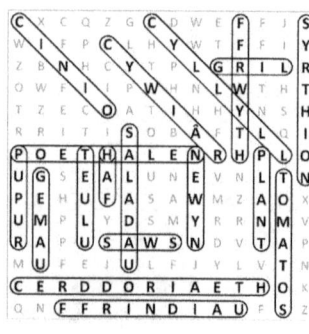

70 - Barbacoas

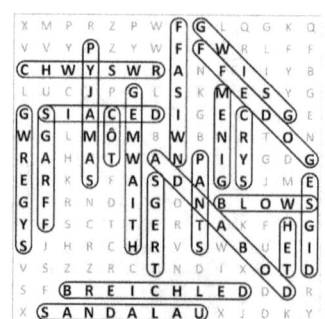

71 - Ropa

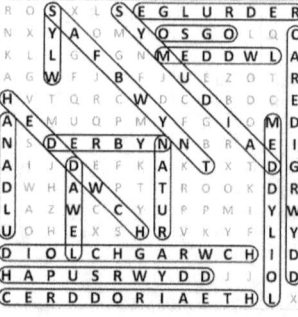

72 - Meditación

73 - Libros

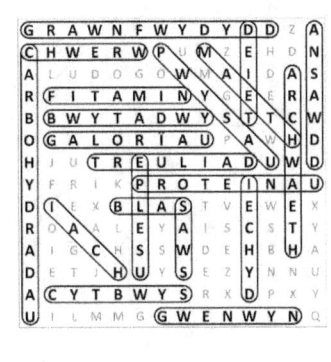

74 - Nutrición

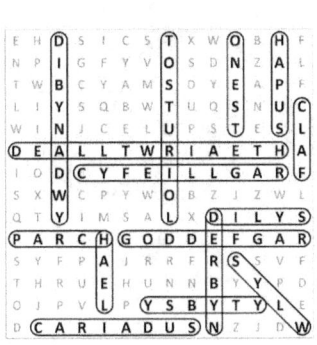

75 - Bondad

76 - Edificios

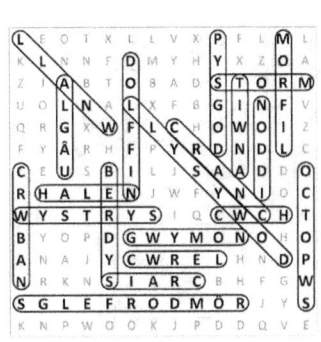

77 - Océano

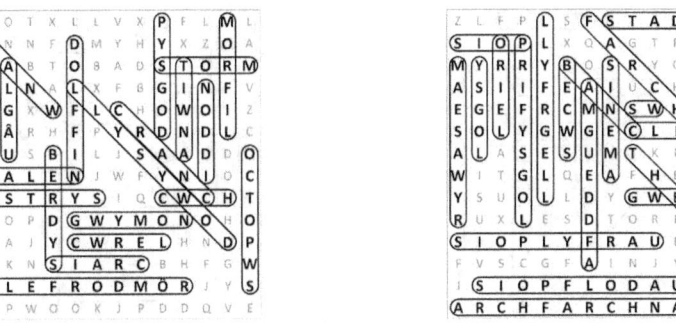

78 - Ciudad

79 - Conservación

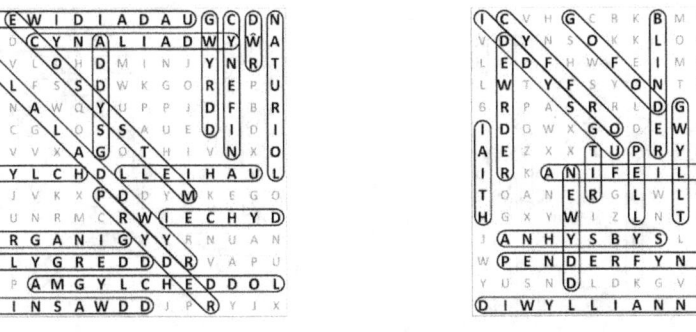

80 - Exploración

81 - Actividades y Ocio

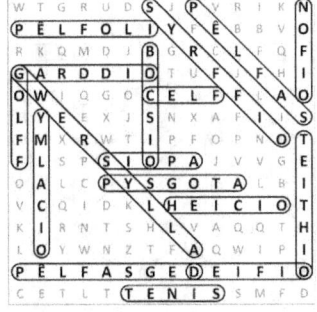

82 - Comida #1

83 - Virtudes #1

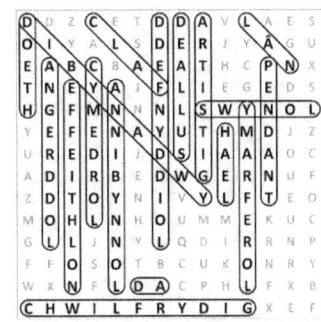

84 - Literatura

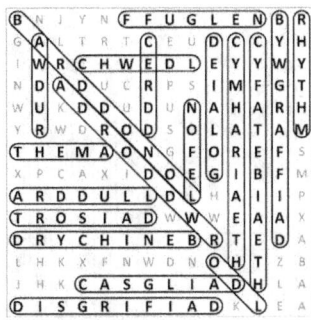

85 - Baño

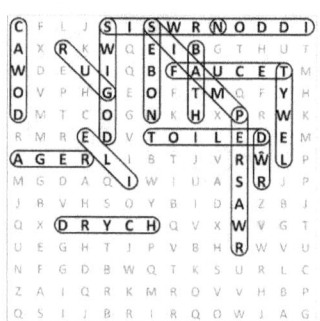

86 - Clima

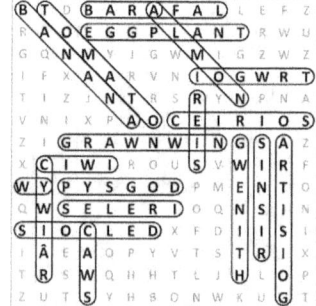

87 - Comida #2

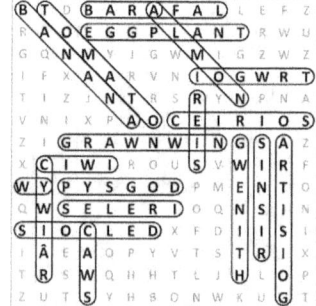

88 - Castillos

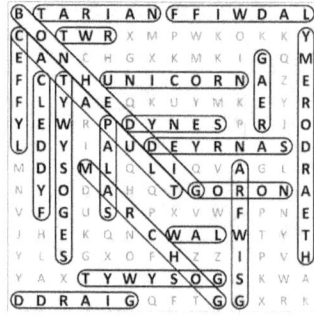

89 - Arte

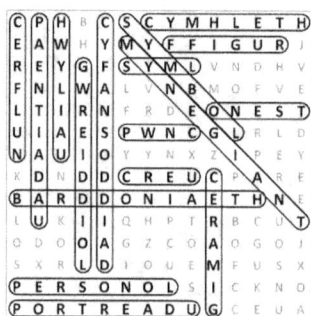

90 - Herboristería

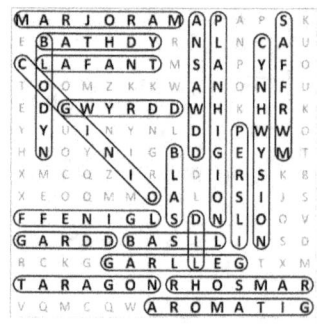

91 - Verano

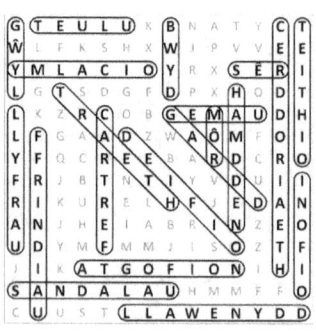

92 - Insectos

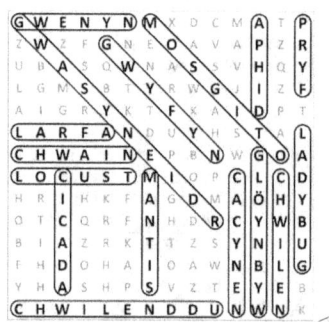

93 - Especias

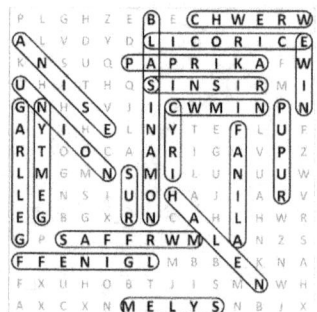

94 - Emociones

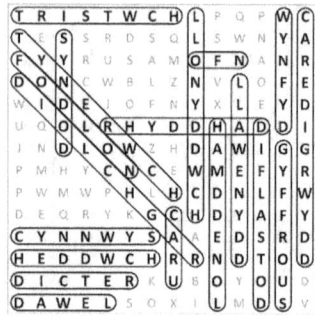

95 - Mediciones

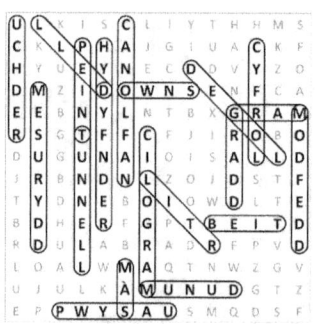

96 - Barcos

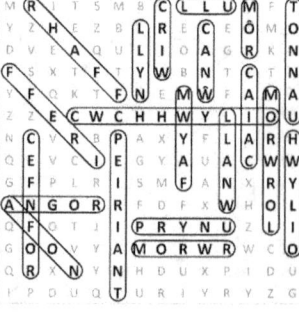

97 - Antártida

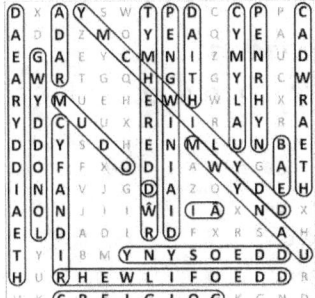

98 - Piratas

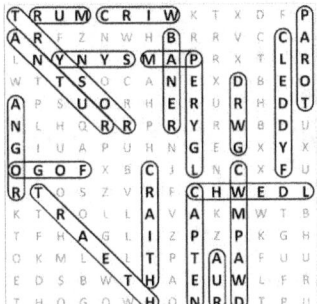

99 - Mamíferos

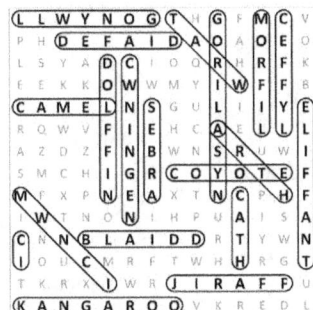

100 - Abejas

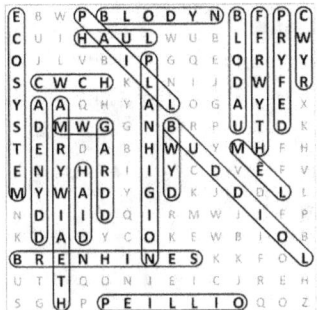

Diccionario

Abejas
Gwenyn

Alas	Adenydd
Beneficioso	Buddiol
Cera	Cwyr
Colmena	Cwch
Comida	Bwyd
Diversidad	Amrywiaeth
Ecosistema	Ecosystem
Enjambre	Haid
Flor	Blodyn
Flores	Blodau
Fruta	Ffrwyth
Humo	Mwg
Insecto	Pryfed
Jardín	Gardd
Miel	Mêl
Plantas	Planhigion
Polen	Paill
Polinizador	Peillio
Reina	Brenhines
Sol	Haul

Actividades
Gweithgareddau

Actividad	Gweithgaredd
Arte	Celf
Artesanía	Crefftau
Baile	Dawnsio
Camping	Gwersylla
Caza	Hela
Cerámica	Cerameg
Costura	Gwnïo
Intereses	Diddordebau
Jardinería	Garddio
Juegos	Gemau
Lectura	Darllen
Magia	Hud
Ocio	Hamdden
Pesca	Pysgota
Placer	Pleser
Relajación	Ymlacio
Rompecabezas	Posau
Senderismo	Heicio
Tejer	Gwau

Actividades y Ocio
Gweithgareddau a Hamdden

Arte	Celf
Baloncesto	Pêl-Fasged
Béisbol	Pêl Fas
Boxeo	Bocsio
Buceo	Deifio
Camping	Gwersylla
Compras	Siopa
Golf	Golff
Jardinería	Garddio
Natación	Nofio
Pesca	Pysgota
Relajante	Ymlacio
Senderismo	Heicio
Surf	Syrffio
Tenis	Tenis
Viaje	Teithio
Voleibol	Pêl-Foli

Adjetivos #1
Ansoddeiriau # 1

Absoluto	Absoliwt
Activo	Gweithredol
Ambicioso	Uchelgeisiol
Aromático	Aromatig
Atractivo	Deniadol
Brillante	Llachar
Enorme	Enfawr
Generoso	Hael
Grande	Mawr
Honesto	Onest
Importante	Pwysig
Inocente	Diniwed
Joven	Ifanc
Lento	Araf
Moderno	Modern
Oscuro	Tywyll
Perfecto	Perffaith
Pesado	Trwm
Serio	Difrifol
Valioso	Gwerthfawr

Adjetivos #2
Ansoddeiriau # 2

Cansado	Flinedig
Comestible	Bwytadwy
Creativo	Creadigol
Descriptivo	Disgrifiadol
Dramático	Dramatig
Elegante	Cain
Famoso	Enwog
Fresco	Ffres
Fuerte	Cryf
Interesante	Diddorol
Natural	Naturiol
Normal	Arferol
Nuevo	Newydd
Orgulloso	Falch
Picante	Sbeislyd
Productivo	Cynhyrchiol
Responsable	Cyfrifol
Salado	Hallt
Saludable	Iach
Seco	Sych

Agua
Dŵr

Ducha	Cawod
Evaporación	Anweddiad
Helada	Rhew
Hielo	Iâ
Humedad	Lleithder
Huracán	Corwynt
Húmedo	Llaith
Inundación	Llifogydd
Lago	Llyn
Lluvia	Glaw
Monzón	Monsŵn
Nieve	Eira
Océano	Môr
Olas	Tonnau
Potable	Yfed
Riego	Dyfrhau
Río	Afon
Vapor	Stêm

Ajedrez
Gwyddbwyll

Aprender	I Ddysgu
Blanco	Gwyn
Campeón	Pencampwr
Concurso	Gystadleuaeth
Diagonal	Lletraws
Estrategia	Strategaeth
Juego	Gêm
Jugador	Chwaraewr
Negro	Du
Oponente	Gwrthwynebydd
Pasivo	Goddefol
Puntos	Pwyntiau
Reglas	Rheolau
Reina	Brenhines
Rey	Brenin
Sacrificio	Aberth
Tiempo	Amser
Torneo	Twrnamaint

Antártida
Antarctica

Agua	Dŵr
Bahía	Bae
Científico	Gwyddonol
Conservación	Cadwraeth
Continente	Cyfandir
Expedición	Daith
Geografía	Daearyddiaeth
Glaciares	Rhewlifoedd
Hielo	Iâ
Investigador	Ymchwilydd
Islas	Ynysoedd
Migración	Mudo
Minerales	Mwynau
Nubes	Cymylau
Pájaros	Adar
Península	Penrhyn
Pingüinos	Pengwiniaid
Rocoso	Creigiog
Temperatura	Tymheredd
Topografía	Topograffeg

Arte
Celf

Cerámica	Ceramig
Complejo	Cymhleth
Composición	Cyfansoddiad
Crear	Creu
Escultura	Cerflun
Expresión	Mynegiant
Figura	Ffigur
Honesto	Onest
Humor	Hwyliau
Inspirado	Ysbrydoli
Original	Gwreiddiol
Personal	Personol
Pinturas	Paentiadau
Poesía	Barddoniaeth
Retratar	Portreadu
Sencillo	Syml
Símbolo	Symbol
Surrealismo	Swrealaeth
Tema	Pwnc
Visual	Gweledol

Artes Visuales
Celfyddydau Gweledol

Arcilla	Clai
Arquitectura	Pensaernïaeth
Artista	Artist
Barniz	Farnais
Cera	Cwyr
Cerámica	Cerameg
Composición	Cyfansoddiad
Creatividad	Creadigrwydd
Escultura	Cerflun
Fotografía	Ffotograff
Lápiz	Pensil
Obra Maestra	Campwaith
Película	Ffilm
Perspectiva	Safbwynt
Pluma	Pen
Retrato	Portread
Tiza	Sialc

Astronomía
Seryddiaeth

Asteroide	Asteroid
Astronauta	Gofodwr
Astrónomo	Seryddwr
Cielo	Awyr
Cohete	Roced
Constelación	Cytser
Cosmos	Cosmos
Eclipse	Eclipse
Equinoccio	Equinox
Galaxia	Galaeth
Luna	Lleuad
Meteoro	Meteor
Observatorio	Arsyllfa
Planeta	Blaned
Radiación	Ymbelydredd
Satélite	Lloeren
Supernova	Uwchnofa
Telescopio	Telesgop
Tierra	Ddaear
Universo	Bydysawd

Aventura
Antur

Actividad	Gweithgaredd
Alegría	Llawenydd
Amigos	Ffrindiau
Belleza	Harddwch
Destino	Cyrchfan
Dificultad	Anhawster
Entusiasmo	Brwdfrydedd
Excursión	Gwibdaith
Inusual	Anarferol
Itinerario	Amserlen
Naturaleza	Natur
Navegación	Llywio
Nuevo	Newydd
Oportunidad	Cyfle
Peligroso	Peryglus
Preparación	Paratoi
Seguridad	Diogelwch
Sorprendente	Syndod
Valentía	Dewrder
Viajes	Teithio

Aviones
Awyrennau

Altura	Uchder
Aterrizaje	Glanio
Atmósfera	Awyrgylch
Aventura	Antur
Cielo	Awyr
Combustible	Tanwydd
Construcción	Adeiladu
Dirección	Cyfeiriad
Diseño	Dylunio
Globo	Balŵn
Hélices	Cynigion
Hidrógeno	Hydrogen
Historia	Hanes
Inflar	Chwyddo
Motor	Peiriant
Navegar	Lywio
Pasajero	Teithwyr
Piloto	Peilot
Tripulación	Criw
Turbulencia	Cynnwrf

Baile
Dawns

Academia	Academi
Alegre	Llawen
Arte	Celf
Clásico	Clasurol
Coreografía	Coreograffi
Cuerpo	Corff
Cultura	Diwylliant
Cultural	Diwylliannol
Emoción	Emosiwn
Ensayo	Ymarfer
Expresivo	Mynegiannol
Gracia	Gras
Movimiento	Symudiad
Música	Cerddoriaeth
Postura	Osgo
Ritmo	Rhythm
Saltar	Neidio
Socio	Partner
Tradicional	Traddodiadol
Visual	Gweledol

Ballet
Bale

Agraciado	Gosgeiddig
Aplauso	Cymeradwyaeth
Artístico	Artistig
Audiencia	Gynulleidfa
Bailarines	Dawnswyr
Compositor	Cyfansoddwr
Coreografía	Coreograffi
Ensayo	Ymarfer
Estilo	Arddull
Expresivo	Mynegiannol
Gesto	Ystum
Intensidad	Dwysedd
Lecciones	Gwersi
Músculos	Cyhyrau
Música	Cerddoriaeth
Orquesta	Cerddorfa
Ritmo	Rhythm
Solo	Unawd
Técnica	Techneg

Baño
Ystafell Ymolchi

Agua	Dŵr
Alfombra	Rug
Aseo	Toiled
Baño	Bath
Burbujas	Swigod
Champú	Siamp
Ducha	Cawod
Espejo	Drych
Esponja	Noddi
Grifo	Faucet
Jabón	Sebon
Loción	Eli
Perfume	Persawr
Tijeras	Siswrn
Toalla	Tywel
Vapor	Ager

Barbacoas
Barbeciws

Amigos	Ffrindiau
Caliente	Poeth
Cebollas	Syrthion
Cena	Cinio
Cuchillos	Cyllyll
Ensaladas	Saladau
Familia	Teulu
Fruta	Ffrwyth
Hambre	Newyn
Juegos	Gemau
Música	Cerddoriaeth
Niños	Plant
Parrilla	Gril
Pimienta	Pupur
Pollo	Cyw Iâr
Sal	Halen
Salsa	Saws
Tomates	Tomatos
Verano	Haf
Verduras	Llysiau

Barcos
Cychod

Ancla	Angor
Balsa	Llu
Boya	Prynu
Canoa	Canŵ
Cuerda	Rhaff
Ferry	Fferi
Kayak	Caiac
Lago	Llyn
Mar	Môr
Marea	Llanw
Marinero	Morwr
Mástil	Mwyaf
Motor	Peiriant
Náutico	Morwrol
Océano	Cefnfor
Olas	Tonnau
Río	Afon
Tripulación	Criw
Velero	Cwch Hwylio
Yate	Hwylio

Bondad
Caredigrwydd

Amistoso	Cyfeillgar
Amoroso	Cariadus
Atento	Sylw
Compasivo	Tosturiol
Comprensión	Dealltwriaeth
Feliz	Hapus
Fiable	Dibynadwy
Generoso	Hael
Genuino	Dilys
Honesto	Onest
Hospitalario	Ysbyty
Paciente	Claf
Receptivo	Derbyn
Respetuoso	Parch
Tolerante	Goddefgar
Útil	Ddefnyddiol

Camping
Gwersylla

Animales	Anifeiliaid
Aventura	Antur
Árboles	Coed
Bosque	Coedwig
Brújula	Cwmpawd
Cabina	Caban
Canoa	Canŵ
Caza	Hela
Cuerda	Rhaff
Equipo	Offer
Fuego	Tân
Hamaca	Hammock
Insecto	Pryfed
Lago	Llyn
Linterna	Llusern
Luna	Lleuad
Mapa	Map
Montaña	Mynydd
Naturaleza	Natur
Sombrero	Het

Casa
Tŷ

Alfombra	Rug
Ático	Atig
Biblioteca	Llyfrgell
Chimenea	Simnai
Cocina	Cegin
Dormitorio	Ystafell Wely
Ducha	Cawod
Escoba	Banadl
Espejo	Drych
Garaje	Garej
Grifo	Faucet
Jardín	Gardd
Lámpara	Lamp
Pared	Wal
Piso	Llawr
Puerta	Drws
Sótano	Islawr
Techo	To
Valla	Ffens
Ventana	Ffenestr

Castillos
Cestyll

Armadura	Arfwisg
Caballero	Marchog
Caballo	Ceffyl
Catapulta	Catapult
Corona	Goron
Dinastía	Dynes
Dragón	Ddraig
Escudo	Tarian
Espada	Cleddyf
Feudal	Ffiwdal
Fortaleza	Gaer
Imperio	Ymerodraeth
Noble	Bonheddig
Palacio	Palas
Pared	Wal
Princesa	Tywysoges
Príncipe	Tywysog
Reino	Deyrnas
Torre	Twr
Unicornio	Unicorn

Chocolate
Siocled

Amargo	Chwerw
Antioxidante	Gwrthocsidiol
Aroma	Arogl
Artesanal	Crefftwyr
Azúcar	Siwgr
Cacao	Cacao
Calidad	Ansawdd
Calorías	Galorïau
Caramelo	Caramel
Coco	Cnau Coco
Delicioso	Blasus
Dulce	Melys
Exótico	Egsotig
Favorito	Hoff
Gusto	Blas
Ingrediente	Cynhwysion
Polvo	Powdr
Receta	Rysáit

Ciencia
Gwyddoniaeth

Átomo	Atom
Científico	Gwyddonydd
Clima	Hinsawdd
Datos	Data
Evolución	Esblygiad
Experimento	Arbrawf
Física	Ffiseg
Fósil	Ffosil
Gravedad	Disgyrchiant
Hecho	Ffaith
Hipótesis	Ddamcaniaeth
Laboratorio	Labordy
Método	Dull
Minerales	Mwynau
Moléculas	Moleciwlau
Naturaleza	Natur
Organismo	Organeb
Partículas	Gronynnau
Plantas	Planhigion
Químico	Cemegol

Ciencia Ficción
Ffuglen Gwyddoniaeth

Atómico	Atomig
Cine	Sinema
Distante	Pell
Explosión	Ffrwydrad
Extremo	Eithafol
Fantástico	Gwych
Fuego	Tân
Futurista	Dyfodolaidd
Galaxia	Galaeth
Ilusión	Rhith
Imaginario	Dychmygol
Libros	Llyfrau
Misterioso	Dirgel
Mundo	Byd
Oráculo	Oracle
Planeta	Blaned
Realista	Realistig
Robots	Robotiaid
Tecnología	Technoleg
Utopía	Utopia

Circo
Syrcas

Acróbata	Acrobat
Animales	Anifeiliaid
Caramelo	Candy
Carpa	Pabell
Desfile	Rhodfa
Elefante	Eliffant
Entretener	Diddanu
Espectador	Gwyliwr
Globos	Balwnau
León	Llew
Magia	Hud
Mago	Dewin
Malabarista	Siwglwr
Mono	Mwnci
Mostrar	Sioe
Música	Cerddoriaeth
Payaso	Clown
Tigre	Teigr
Traje	Gwisgoedd
Truco	Tric

Ciudad
Y Dref

Aeropuerto	Maes Awyr
Banco	Banc
Biblioteca	Llyfrgell
Cine	Sinema
Clínica	Clinig
Escuela	Ysgol
Estadio	Stadiwm
Farmacia	Fferyllfa
Florista	Siop Flodau
Galería	Oriel
Hotel	Gwesty
Librería	Siop Lyfrau
Mercado	Farchnad
Museo	Amgueddfa
Panadería	Becws
Supermercado	Archfarchnad
Teatro	Theatr
Tienda	Siop
Universidad	Prifysgol
Zoo	Sw

Clima
Tywydd

Atmósfera	Awyrgylch
Brisa	Awel
Cielo	Awyr
Clima	Hinsawdd
Hielo	Iâ
Huracán	Corwynt
Inundación	Llifogydd
Monzón	Monsŵn
Niebla	Niwl
Nube	Cwmwl
Polar	Polar
Rayo	Mellt
Seco	Sych
Sequía	Sychder
Temperatura	Tymheredd
Tormenta	Storm
Tornado	Tornado
Tropical	Trofannol
Trueno	Taranau
Viento	Gwynt

Cocina
Cegin

Caldera	Tegell
Comida	Bwyd
Congelador	Rhewgell
Cucharas	Llwyau
Cucharón	Lletwad
Cuchillos	Cyllyll
Delantal	Ffedog
Especias	Sbeisys
Esponja	Noddi
Horno	Popty
Jarra	Jwg
Palillos	Chopsticks
Parrilla	Gril
Receta	Rysáit
Refrigerador	Oergell
Servilleta	Napcyn
Tarro	Jar
Tazas	Cwpanau
Tazón	Bowl
Tenedores	Ffyrc

Colores
Lliwiau

Amarillo	Melyn
Azul	Glas
Azur	Asur
Beige	Llwydfelyn
Blanco	Gwyn
Cian	Gwyrddlas
Fucsia	Dyfwyr
Gris	Llwyd
Índigo	Indigo
Magenta	Magenta
Marrón	Brown
Naranja	Oren
Negro	Du
Púrpura	Porffor
Rojo	Coch
Rosa	Pinc
Sepia	Sepia
Verde	Gwyrdd
Violeta	Fioled

Comida #1
Bwyd # 1

Ajo	Garlleg
Albahaca	Basil
Atún	Tiwna
Azúcar	Siwgr
Canela	Sinamon
Carne	Cig
Cebada	Haidd
Cebolla	Union
Ensalada	Salad
Espinacas	Sbigoglys
Fresa	Mefus
Jugo	Sudd
Leche	Llaeth
Limón	Lemon
Menta	Bathdy
Nabo	Maip
Pera	Gellyg
Sal	Halen
Sopa	Cawl
Zanahoria	Moron

Comida #2
Bwyd # 2

Alcachofa	Artisiog
Almendra	Almon
Apio	Seleri
Arroz	Reis
Berenjena	Eggplant
Cereza	Ceirios
Chocolate	Siocled
Huevo	Wy
Jengibre	Sinsir
Kiwi	Ciwi
Manzana	Afal
Pan	Bara
Pescado	Pysgod
Plátano	Banana
Pollo	Cyw lâr
Queso	Caws
Tomate	Tomato
Trigo	Gwenith
Uva	Grawnwin
Yogur	Iogwrt

Conduciendo
Gyrru

Accidente	Damwain
Calle	Stryd
Camión	Lori
Coche	Car
Combustible	Tanwydd
Frenos	Breciau
Garaje	Garej
Gas	Nwy
Licencia	Trwydded
Mapa	Map
Motocicleta	Beic Modur
Motor	Modur
Peatonal	Cerddwyr
Peligro	Perygl
Policía	Heddlu
Seguridad	Diogelwch
Transporte	Cludiant
Tráfico	Traffig
Túnel	Twnnel
Velocidad	Cyflymder

Conservación
Cadwraeth

Agua	Dŵr
Ambiental	Amgylcheddol
Cambios	Newidiadau
Ciclo	Cylch
Clima	Hinsawdd
Contaminación	Llygredd
Ecosistema	Ecosystem
Educación	Addysg
Hábitat	Cynefin
Natural	Naturiol
Orgánico	Organig
Pesticida	Plaladdwyr
Preocupación	Pryder
Reciclar	Ailgylchu
Reducir	Lleihau
Salud	Iechyd
Sostenible	Cynaliadwy
Verde	Gwyrdd
Voluntario	Gwirfoddolwr

Cuerpo Humano
Corff Dynol

Barbilla	Ên
Boca	Geg
Cabeza	Pen
Cara	Wyneb
Cerebro	Ymennydd
Codo	Penelin
Corazón	Galon
Cuello	Gwddf
Dedo	Bys
Hombro	Ysgwydd
Lengua	Tafod
Mano	Llaw
Nariz	Trwyn
Ojo	Llygad
Oreja	Clust
Piel	Croen
Pierna	Coes
Rodilla	Pen-Glin
Sangre	Gwaed
Tobillo	Ffêr

Cumpleaños
Pen-Blwydd

Alegre	Llawen
Amigos	Ffrindiau
Año	Blwyddyn
Aprender	I Ddysgu
Calendario	Calendr
Canción	Cân
Celebración	Dathliad
Día	Dydd
Especial	Arbennig
Feliz	Hapus
Invitaciones	Gwahoddiadau
Joven	Ifanc
Partido	Parti
Pastel	Cacen
Recuerdos	Atgofion
Regalo	Rhodd
Sabiduría	Doethineb
Tarjetas	Cardiau
Tiempo	Amser
Velas	Canhwyllau

Deportes
Chwaraeon

Atleta	Mabolgampwr
Árbitro	Canolwr
Baloncesto	Pêl-Fasged
Béisbol	Pêl Fas
Bicicleta	Beic
Entrenador	Hyfforddwr
Equipo	Tîm
Estadio	Stadiwm
Ganador	Enillydd
Gimnasia	Gymnasteg
Gimnasio	Campfa
Golf	Golff
Hockey	Hoci
Juego	Gêm
Jugador	Chwaraewr
Movimiento	Symudiad
Nadar	I Nofio
Tenis	Tenis

Dinosaurios
Deinosoriaid

Alas	Adenydd
Cola	Cynffon
Desaparición	Diflaniad
Enorme	Enfawr
Especie	Rhywogaethau
Evolución	Esblygiad
Fósiles	Ffosilau
Grande	Mawr
Herbívoro	Llysieuyn
Mamut	Mamoth
Omnívoro	Omnivore
Poderoso	Pwerus
Prehistórico	Cynhanesyddol
Presa	Ysglyfaeth
Reptil	Ymlusgiaid
Tamaño	Maint
Tierra	Ddaear
Vicioso	Dieflig

Disciplinas Científicas
Ddisgyblaethau Gwyddonol

Anatomía	Anatomeg
Arqueología	Archaeoleg
Astronomía	Seryddiaeth
Biología	Bioleg
Bioquímica	Biocemeg
Botánica	Llysieueg
Ecología	Ecoleg
Fisiología	Ffisioleg
Geología	Daeareg
Inmunología	Imiwnoleg
Lingüística	Ieithyddiaeth
Mecánica	Mecaneg
Meteorología	Meteoroleg
Mineralogía	Mwynglawdd
Neurología	Niwroleg
Nutrición	Maeth
Psicología	Seicoleg
Química	Cemeg
Sociología	Cymdeithaseg
Zoología	Milofyddiaeth

Días y Meses
Diwrnodau a Misoedd

Abril	Ebrill
Agosto	Awst
Año	Blwyddyn
Calendario	Calendr
Domingo	Dydd Sul
Enero	Ionawr
Febrero	Chwefror
Jueves	Dydd Iau
Julio	Gorffennaf
Junio	Mehefin
Lunes	Dydd Llun
Martes	Dydd Mawrth
Mes	Mis
Miércoles	Dydd Mercher
Noviembre	Tachwedd
Octubre	Hydref
Sábado	Dydd Sadwrn
Semana	Wythnos
Septiembre	Medi
Viernes	Dydd Gwener

Ecología
Ecoleg

Clima	Hinsawdd
Comunidades	Cymunedau
Diversidad	Amrywiaeth
Especie	Rhywogaethau
Fauna	Ffawna
Flora	Flora
Global	Byd-Eang
Hábitat	Cynefin
Marino	Morol
Montañas	Mynyddoedd
Natural	Naturiol
Naturaleza	Natur
Pantano	Gors
Plantas	Planhigion
Recursos	Adnoddau
Sequía	Sychder
Sostenible	Cynaliadwy
Supervivencia	Goroesi
Vegetación	Llystyfiant
Voluntarios	Gwirfoddolwyr

Edificios
Adeiladau

Albergue	Hostel
Apartamento	Fflat
Cabina	Caban
Castillo	Castell
Cine	Sinema
Escuela	Ysgol
Estadio	Stadiwm
Fábrica	Ffatri
Garaje	Garej
Granero	Ysgubor
Granja	Fferm
Hospital	Ysbyty
Hotel	Gwesty
Laboratorio	Labordy
Museo	Amgueddfa
Observatorio	Arsyllfa
Supermercado	Archfarchnad
Teatro	Theatr
Torre	Twr
Universidad	Prifysgol

Emociones
Emosiynau

Aburrimiento	Diflastod
Agradecido	Diolchgar
Alegría	Llawenydd
Alivio	Rhyddhad
Amor	Caru
Beatitud	Wynfyd
Bondad	Caredigrwydd
Calma	Dawel
Contenido	Cynnwys
Emocionado	Gyffrous
Ira	Dicter
Miedo	Ofn
Paz	Heddwch
Relajado	Hamddenol
Satisfecho	Fodlon
Simpatía	Cydymdeimlad
Sorpresa	Syndod
Ternura	Tynerwch
Tranquilidad	Llonyddwch
Tristeza	Tristwch

Escalada
Dringo

Altitud	Uchder
Atmósfera	Awyrgylch
Botas	Esgidiau
Casco	Helm
Cueva	Ogof
Curiosidad	Chwilfrydedd
Estabilidad	Sefydlogrwydd
Estrecho	Cul
Experto	Arbenigwr
Físico	Corfforol
Formación	Hyfforddiant
Fuerza	Cryfder
Guantes	Menig
Guías	Canllawiau
Lesión	Anaf
Mapa	Map
Senderismo	Heicio
Terreno	Tir

Escuela #1
Ysgol # 1

Alfabeto	Wyddor
Almuerzo	Cinio
Amigos	Ffrindiau
Aprender	I Ddysgu
Biblioteca	Llyfrgell
Carpetas	Ffolderi
Diversión	Hwyl
Escritorio	Desg
Examen	Cwis
Exámenes	Arholiadau
Lápiz	Pensil
Libros	Llyfrau
Matemática	Math
Números	Rhifau
Papel	Papur
Plumas	Corlannau
Profesor	Athro
Respuestas	Atebion
Silla	Cadeirydd

Escuela #2
Ysgol # 2

Académico	Academaidd
Autobús	Bws
Biblioteca	Llyfrgell
Calendario	Calendr
Ciencia	Gwyddoniaeth
Diccionario	Geiriadur
Educación	Addysg
Gramática	Gramadeg
Juegos	Gemau
Lápiz	Pensil
Lectura	Darllen
Libros	Llyfrau
Literatura	Llenyddiaeth
Mochila	Backpack
Ordenador	Cyfrifiadur
Papel	Papur
Profesor	Athro
Ropa	Dillad
Suministros	Cyflenwadau
Tijeras	Siswrn

Especias
Sbeisys

Agrio	Sur
Ajo	Garlleg
Amargo	Chwerw
Anís	Anise
Azafrán	Saffrwm
Canela	Sinamon
Cebolla	Union
Clavo	Ewin
Comino	Cwmin
Curry	Cyri
Dulce	Melys
Hinojo	Ffenigl
Jengibre	Sinsir
Nuez Moscada	Nytmeg
Pimentón	Paprika
Pimienta	Pupur
Regaliz	Licorice
Sabor	Blas
Sal	Halen
Vainilla	Fanila

Exploración
Archwilio

Actividad	Gweithgaredd
Agotamiento	Blinder
Animales	Anifeiliaid
Aprender	I Ddysgu
Coraje	Dewrder
Culturas	Diwylliannau
Desconocido	Anhysbys
Descubrimiento	Darganfyddiad
Determinación	Penderfyniad
Distante	Pell
Emoción	Cyffro
Espacio	Gofod
Idioma	Iaith
Nuevo	Newydd
Salvaje	Gwyllt
Terreno	Tir
Viaje	Teithio

Familia
Teulu

Abuela	Nain
Abuelo	Taid
Antepasado	Hynafiad
Esposa	Gwraig
Hermana	Chwaer
Hermano	Brawd
Hija	Merch
Infancia	Plentyndod
Madre	Fam
Marido	Gŵr
Materno	Mamau
Nieto	Ŵyr
Niño	Plentyn
Niños	Plant
Padre	Tad
Primo	Cefnder
Sobrina	Nith
Sobrino	Nai
Tía	Modryb
Tío	Ewythr

Flores
Blodau

Amapola	Pabi
Diente de León	Dant y Llew
Gardenia	Gardenia
Hibisco	Hibiscus
Jazmín	Jasmine
Lavanda	Lafant
Lila	Lelog
Lirio	Lily
Magnolia	Magnolia
Margarita	Llygad y Dydd
Orquídea	Tegeirian
Peonía	Peony
Pétalo	Petal
Plumeria	Plumeria
Ramo	Tusw
Rosa	Rhosyn
Trébol	Meillion
Tulipán	Tiwlip

Formas
Siapiau

Arco	Arc
Bordes	Ymylon
Cilindro	Silindr
Círculo	Cylch
Cono	Côn
Cuadrado	Sgwâr
Cubo	Ciwb
Curva	Gromlin
Elipse	Elips
Esquina	Cornel
Hipérbola	Hyperbola
Lado	Ochr
Línea	Llinell
Oval	Hirgrwn
Pirámide	Pyramid
Polígono	Polygon
Prisma	Prism
Rectángulo	Petryal
Triángulo	Triongl

Fruta
Ffrwythau

Aguacate	Afocado
Albaricoque	Bricyll
Baya	Aeron
Cereza	Ceirios
Ciruela	Eirin
Coco	Cnau Coco
Frambuesa	Mafon
Guayaba	Guava
Kiwi	Ciwi
Limón	Lemon
Mango	Mango
Manzana	Afal
Melocotón	Peach
Melón	Melon
Naranja	Oren
Nectarina	Nectarine
Papaya	Papaia
Pera	Gellyg
Plátano	Banana
Uva	Grawnwin

Gatos
Cathod

Cazador	Helwyr
Cola	Cynffon
Curioso	Chwilfrydig
Dormir	Cysgu
Garra	Crafanc
Hilo	Edafedd
Independiente	Annibynnol
Juguetón	Chwareus
Loco	Crazy
Pata	Paw
Personalidad	Personoliaeth
Piel	Ffwr
Poco	Ychydig
Ratón	Llygoden
Rápido	Cyflym
Salvaje	Gwyllt
Tímido	Swil

Geografía
Daearyddiaeth

Altitud	Uchder
Atlas	Atlas
Ciudad	Dinas
Continente	Cyfandir
Hemisferio	Hemisffer
Isla	Ynys
Latitud	Lledred
Longitud	Hydred
Mapa	Map
Mar	Môr
Meridiano	Meridian
Montaña	Mynydd
Mundo	Byd
Norte	Gogledd
Oeste	Gorllewin
País	Gwlad
Región	Rhanbarth
Río	Afon
Sur	De
Territorio	Tiriogaeth

Geología
Daeareg

Ácido	Asid
Calcio	Calsiwm
Capa	Haen
Caverna	Ogof
Continente	Cyfandir
Coral	Cwrel
Cristales	Crisialau
Cuarzo	Cwarts
Estalactita	Stalactite
Estalagmitas	Stalagmidau
Fósil	Ffosil
Géiser	Geyser
Lava	Lafa
Meseta	Gwastad
Minerales	Mwynau
Piedra	Carreg
Sal	Halen
Terremoto	Daeargryn
Volcán	Llosgfynydd
Zona	Parth

Granja #1
Fferm # 1

Abeja	Gwenyn
Agua	Dŵr
Arroz	Reis
Burro	Asyn
Caballo	Ceffyl
Cabra	Gafr
Campo	Maes
Cuervo	Frân
Fertilizante	Gwrtaith
Gato	Cath
Heno	Gwair
Miel	Mêl
Perro	Ci
Pollo	Cyw lâr
Rebaño	Ddiadell
Semillas	Hadau
Ternero	Llo
Tierra	Tir
Vaca	Buwch
Valla	Ffens

Granja #2
Fferm # 2

Agricultor	Ffermwr
Animales	Anifeiliaid
Cebada	Haidd
Comida	Bwyd
Cordero	Cig Oen
Fruta	Ffrwyth
Granero	Ysgubor
Huerto	Berllan
Leche	Llaeth
Llama	Lama
Maduro	Aeddfed
Maíz	Corn
Oveja	Defaid
Pastor	Bugail
Pato	Hwyaden
Prado	Dôl
Riego	Dyfrhau
Tractor	Tractor
Trigo	Gwenith
Vegetal	Llysiau

Herboristería
Llysieuol

Ajo	Garlleg
Albahaca	Basil
Aromático	Aromatig
Azafrán	Saffrwm
Calidad	Ansawdd
Culinario	Coginio
Eneldo	Dil
Estragón	Taragon
Flor	Blodyn
Hinojo	Ffenigl
Ingrediente	Cynhwysion
Jardín	Gardd
Lavanda	Lafant
Mejorana	Marjoram
Menta	Bathdy
Perejil	Persli
Planta	Planhigion
Romero	Rhosmar
Sabor	Blas
Verde	Gwyrdd

Insectos
Pryfed

Abeja	Gwenyn
Avispa	Cacynen
Áfido	Aphid
Cigarra	Cicada
Cucaracha	Chwilen Ddu
Escarabajo	Chwilen
Gusano	Pryf
Hormiga	Morgrug
Langosta	Locust
Larva	Larfa
Libélula	Gwas y Neidr
Mantis	Mantis
Mariposa	Glöyn Byw
Mariquita	Ladybug
Mosquito	Mosgito
Polilla	Gwyfyn
Pulga	Chwain
Termita	Termite

Instrumentos Musicales
Offerynnau Cerddorol

Arpa	Telyn
Banjo	Banjo
Clarinete	Clarinét
Fagot	Baswn
Flauta	Ffliwt
Gong	Gong
Guitarra	Gitâr
Mandolina	Mandolin
Marimba	Marimba
Oboe	Obo
Pandereta	Tambwrîn
Piano	Piano
Saxofón	Sacsoffon
Tambor	Drwm
Trombón	Trombôn
Trompeta	Utgorn
Violín	Ffidil

Jardín
Gardd

Arbusto	Llwyn
Árbol	Coed
Banco	Mainc
Césped	Lawnt
Estanque	Pwll
Flor	Blodyn
Garaje	Garej
Hamaca	Hammock
Hierba	Glaswellt
Jardín	Gardd
Malezas	Chwyn
Manguera	Pibell
Pala	Rhaw
Porche	Cyntedd
Rastrillo	Rhaca
Rocas	Creigiau
Suelo	Pridd
Terraza	Teras
Trampolín	Trampolîn
Valla	Ffens

Juguetes
Teganau

Ajedrez	Gwyddbwyll
Arcilla	Clai
Artesanía	Crefftau
Avión	Awyren
Barco	Cwch
Bicicleta	Beic
Bola	Pêl
Camión	Lori
Coche	Car
Cometa	Barcud
Favorito	Hoff
Imaginación	Dychymyg
Juegos	Gemau
Libros	Llyfrau
Muñeca	Ddol
Pinturas	Paent
Robot	Robot
Rompecabezas	Pos
Tambores	Drymiau
Tren	Trên

Libros
Llyfrau

Autor	Awdur
Aventura	Antur
Colección	Casgliad
Contexto	Cyd-Destun
Dualidad	Deuoliaeth
Escrito	Ysgrifenedig
Historia	Stori
Histórico	Hanesyddol
Humorístico	Doniol
Inventivo	Buddsoddi
Lector	Darllenydd
Literario	Llenyddol
Narrador	Adroddwr
Novela	Nofel
Página	Tudalen
Pertinente	Perthnasol
Poema	Cerdd
Poesía	Barddoniaeth
Serie	Cyfres
Trágico	Trasig

Literatura
Llenyddiaeth

Analogía	Cyfatebiaeth
Análisis	Dadansoddiad
Anécdota	Chwedl
Autor	Awdur
Biografía	Bywgraffiad
Comparación	Cymhariaeth
Conclusión	Casgliad
Descripción	Disgrifiad
Diálogo	Deialog
Estilo	Arddull
Ficción	Ffuglen
Metáfora	Trosiad
Narrador	Adroddwr
Novela	Nofel
Poema	Cerdd
Poético	Barddonol
Rima	Odl
Ritmo	Rhythm
Tema	Thema
Tragedia	Drychineb

Mamíferos
Mamaliaid

Ballena	Morfil
Burro	Asyn
Caballo	Ceffyl
Camello	Camel
Canguro	Kangaroo
Cebra	Sebra
Conejo	Cwningen
Coyote	Coyote
Delfín	Dolffin
Elefante	Eliffant
Gato	Cath
Gorila	Gorila
Jirafa	Jiraff
Lobo	Blaidd
Mono	Mwnci
Oso	Arth
Oveja	Defaid
Perro	Ci
Toro	Tarw
Zorro	Llwynog

Mascotas
Anifeiliaid Anwes

Agua	Dŵr
Cabra	Gafr
Cachorro	Cŵn Bach
Cola	Cynffon
Collar	Coler
Comida	Bwyd
Conejo	Cwningen
Correa	Dennyn
Garras	Crafangau
Gato	Cath
Hámster	Hamster
Lagarto	Madfall
Loro	Parot
Perro	Ci
Pescado	Pysgod
Ratón	Llygoden
Tortuga	Crwban
Vaca	Buwch
Veterinario	Milfeddyg

Matemáticas
Mathemateg

Aritmética	Rhifyddeg
Ángulos	Onglau
Circunferencia	Cylchedd
Cuadrado	Sgwâr
Decimal	Degol
Diámetro	Diamedr
Ecuación	Hafaliad
Fracción	Ffracsiwn
Geometría	Geometreg
Números	Rhifau
Paralelo	Cyfochrog
Paralelogramo	Paralelogram
Perímetro	Amfesur
Perpendicular	Berpendicwlar
Polígono	Polygon
Radio	Radiws
Rectángulo	Petryal
Simetría	Cymesuredd
Triángulo	Triongl
Volumen	Cyfrol

Mediciones
Mesuriadau

Altura	Uchder
Ancho	Lled
Byte	Beit
Centímetro	Canolfan
Decimal	Degol
Grado	Gradd
Gramo	Gram
Kilogramo	Cilogram
Litro	Litr
Longitud	Hyd
Masa	Màs
Metro	Mesurydd
Minuto	Munud
Onza	Owns
Peso	Pwysau
Pinta	Peint
Profundidad	Dyfnder
Pulgada	Modfedd
Tonelada	Tunnell
Volumen	Cyfrol

Meditación
Myfyrdod

Aceptación	Derbyn
Atención	Sylw
Bondad	Caredigrwydd
Calma	Dawel
Claridad	Eglurder
Compasión	Tosturi
Emociones	Emosiynau
Felicidad	Hapusrwydd
Gratitud	Diolchgarwch
Mental	Meddyliol
Mente	Meddwl
Movimiento	Symudiad
Música	Cerddoriaeth
Naturaleza	Natur
Paz	Heddwch
Pensamientos	Meddyliau
Perspectiva	Safbwynt
Postura	Osgo
Respiración	Anadlu
Silencio	Distawrwydd

Mitología
Mytholeg

Celos	Cenfigen
Cielo	Nefoedd
Comportamiento	Ymddygiad
Creación	Creu
Creencias	Credoau
Criatura	Creadur
Cultura	Diwylliant
Deidades	Duwiau
Desastre	Trychineb
Fuerza	Cryfder
Guerrero	Rhyfelwr
Héroe	Arwr
Inmortalidad	Anfarwoldeb
Laberinto	Labyrinth
Leyenda	Chwedl
Monstruo	Anghenfil
Mortal	Marwol
Rayo	Mellt
Trueno	Meddwl
Venganza	Dial

Naturaleza
Natur

Abejas	Gwenyn
Acantilados	Clogwyni
Animales	Anifeiliaid
Ártico	Arctig
Belleza	Harddwch
Bosque	Coedwig
Desierto	Anialwch
Dinámico	Dynamig
Follaje	Dail
Glaciar	Rhewlif
Montañas	Mynyddoedd
Niebla	Niwl
Nubes	Cymylau
Pacífico	Heddychlon
Río	Afon
Salvaje	Gwyllt
Santuario	Cysegr
Sereno	Tawel
Tropical	Trofannol
Vital	Hanfodol

Nutrición
Maeth

Amargo	Chwerw
Apetito	Archwaeth
Calidad	Ansawdd
Calorías	Galorïau
Carbohidratos	Carbohydradau
Cereales	Grawnfwydydd
Comestible	Bwytadwy
Dieta	Deiet
Digestión	Treuliad
Equilibrado	Cytbwys
Fermentación	Eplesu
Nutriente	Maeth
Peso	Pwysau
Proteínas	Proteinau
Sabor	Blas
Salsa	Saws
Salud	Iechyd
Saludable	Iach
Toxina	Gwenwyn
Vitamina	Fitamin

Números
Rhifau

Cero	Sero
Cinco	Pump
Cuatro	Pedwar
Decimal	Degol
Dieciocho	Deunaw
Dieciséis	Un ar Bymtheg
Diez	Deg
Doce	Deuddeg
Dos	Dau
Matemática	Math
Nueve	Naw
Ocho	Wyth
Quince	Pymtheg
Seis	Chwech
Siete	Saith
Trece	Tri ar Ddeg
Tres	Tri
Uno	Un
Veinte	Ugain

Océano
Cefnfor

Alga	Algâu
Algas Marinas	Gwymon
Anguila	Llysywod
Atún	Tiwna
Ballena	Morfil
Barco	Cwch
Camarón	Berdys
Cangrejo	Cranc
Coral	Cwrel
Delfín	Dolffin
Esponja	Noddi
Mareas	Llanw
Medusa	Sglefrod Môr
Ostra	Wystrys
Pescado	Pysgod
Pulpo	Octopws
Sal	Halen
Tiburón	Siarc
Tormenta	Storm
Tortuga	Crwban

Paisajes
Tirweddau

Cascada	Rhaeadr
Cueva	Ogof
Desierto	Anialwch
Estuario	Aber
Géiser	Geyser
Glaciar	Rhewlif
Golfo	Gwlff
Iceberg	Mynydd Iâ
Isla	Ynys
Lago	Llyn
Mar	Môr
Montaña	Mynydd
Oasis	Werddon
Pantano	Gors
Península	Penrhyn
Playa	Traeth
Río	Afon
Tundra	Tundra
Valle	Dyffryn
Volcán	Llosgfynydd

Países #2
Gwledydd # 2

Albania	Albania
Australia	Awstralia
Austria	Awstria
Dinamarca	Denmarc
Etiopía	Ethiopia
Francia	Ffrainc
Grecia	Gwlad Groeg
Indonesia	Indonesia
Irlanda	Iwerddon
Jamaica	Jamaica
Japón	Japan
Laos	Laos
México	Mecsico
Pakistán	Pakistan
Portugal	Portiwgal
Rusia	Rwsia
Siria	Syria
Sudán	Sudan
Ucrania	Wcráin
Uganda	Uganda

Pájaros
Adar

Avestruz	Estrys
Águila	Eryr
Cigüeña	Ciconia
Cisne	Alarch
Cuco	Gog
Cuervo	Frân
Flamenco	Fflamingo
Ganso	Gŵydd
Garza	Crëyr
Gaviota	Gwylan
Gorrión	Aderyn
Halcón	Hebog
Huevo	Wy
Loro	Parot
Paloma	Colomen
Pato	Hwyaden
Pelícano	Pelican
Pingüino	Pengwin
Pollo	Cyw Iâr
Tucán	Twcan

Pesca
Pysgota

Agua	Dŵr
Aletas	Esgyll
Barco	Cwch
Branquias	Tagellau
Cable	Gwifren
Cebo	Abwyd
Cesta	Basged
Cocinar	Coginio
Equipo	Offer
Exageración	Esboniad
Gancho	Bachyn
Lago	Llyn
Mandíbula	Ên
Océano	Cefnfor
Paciencia	Amynedd
Peso	Pwysau
Playa	Traeth
Río	Afon
Temporada	Tymor

Piratas
Môr-Ladron

Ancla	Angor
Aventura	Antur
Bandera	Baner
Brújula	Cwmpawd
Capitán	Capten
Cicatriz	Craith
Cueva	Ogof
Espada	Cleddyf
Isla	Ynys
Leyenda	Chwedl
Loro	Parot
Malo	Drwg
Mapa	Map
Monedas	Darnau Arian
Oro	Aur
Peligro	Perygl
Playa	Traeth
Ron	Rum
Tesoro	Trysor
Tripulación	Criw

Plantas
Planhigion

Arbusto	Llwyn
Árbol	Coed
Bambú	Bambŵ
Baya	Aeron
Bosque	Coedwig
Botánica	Llysieueg
Cactus	Cactus
Fertilizante	Gwrtaith
Flor	Blodyn
Flora	Flora
Follaje	Dail
Frijol	Ffa
Hiedra	Eiddew
Hierba	Glaswellt
Jardín	Gardd
Musgo	Mwsogl
Pétalo	Petal
Raíz	Gwraidd
Sol	Haul
Vegetación	Llystyfiant

Playa
Traeth

Arena	Tywod
Azul	Glas
Barco	Cwch
Cangrejo	Cranc
Costa	Arfordir
Isla	Ynys
Mar	Môr
Nadar	I Nofio
Océano	Cefnfor
Paraguas	Ymbarél
Sandalias	Sandalau
Sol	Haul
Toalla	Tywel
Vacaciones	Gŵyl
Velero	Cwch Hwylio

Profesiones #1
Proffesiynau # 1

Abogado	Cyfreithiwr
Astrónomo	Seryddwr
Atleta	Mabolgampwr
Bailarín	Dawnsiwr
Banquero	Banciwr
Bombero	Diffoddwr Tân
Cartógrafo	Cartographer
Cazador	Helwyr
Doctor	Meddyg
Editor	Golygydd
Embajador	Llysgennad
Enfermera	Nyrs
Entrenador	Hyfforddwr
Fontanero	Plymwr
Geólogo	Daearegwr
Joyero	Gemydd
Músico	Cerddor
Pianista	Pianydd
Psicólogo	Seicolegydd
Veterinario	Milfeddyg

Profesiones #2
Proffesiynau # 2

Agricultor	Ffermwr
Astronauta	Gofodwr
Bibliotecario	Llyfrgellydd
Biólogo	Biolegydd
Cirujano	Llawfeddyg
Dentista	Deintydd
Detective	Ditectif
Filósofo	Athronydd
Fotógrafo	Ffotograffydd
Ilustrador	Darlunydd
Ingeniero	Peiriannydd
Inventor	Dyfeisiwr
Investigador	Ymchwilydd
Jardinero	Garddwr
Lingüista	Ieithydd
Médico	Meddyg
Periodista	Newyddiadurwr
Piloto	Peilot
Pintor	Peintiwr
Profesor	Athro

Rellenar
I Llenwch

Bandeja	Hambwrdd
Bañera	Twb
Barril	Gasgen
Bolsa	Bag
Bolsillo	Poced
Botella	Potel
Caja	Blwch
Cajón	Drôr
Carpeta	Ffolder
Cartón	Carton
Cesta	Basged
Cubo	Bwced
Cuenca	Basn
Jarrón	Vase
Maleta	Cês
Paquete	Pecyn
Sobre	Amlen
Tarro	Jar
Tubo	Tiwb

Restaurante #1
Bwyty # 1

Alergia	Alergedd
Café	Coffi
Cajero	Arian
Camarera	Gweinyddes
Carne	Cig
Cocina	Cegin
Comida	Bwyd
Cuchillo	Cyllell
Ingredientes	Cynhwysion
Menú	Dewislen
Pan	Bara
Picante	Sbeislyd
Plato	Plât
Pollo	Cyw lâr
Postre	Pwdin
Reserva	Llain
Salsa	Saws
Servilleta	Napcyn
Tazón	Bowl

Restaurante #2
Bwyty # 2

Agua	Dŵr
Bebida	Diod
Camarero	Aros
Cena	Cinio
Cuchara	Llwy
Delicioso	Blasus
Ensalada	Salad
Especias	Sbeisys
Fideos	Nwdls
Fruta	Ffrwyth
Hielo	Iâ
Huevos	Wyau
Pastel	Cacen
Pescado	Pysgod
Sal	Halen
Silla	Cadeirydd
Sopa	Cawl
Tenedor	Fforc
Verduras	Llysiau

Ropa
Dillad

Abrigo	Côt
Blusa	Blows
Bufanda	Sgarff
Camisa	Crys
Chaqueta	Siaced
Cinturón	Gwregys
Collar	Adnabod
Delantal	Ffedog
Falda	Sgert
Guantes	Menig
Joyas	Gemwaith
Moda	Ffasiwn
Pantalones	Pants
Pijama	Pyjamas
Pulsera	Breichled
Sandalias	Sandalau
Sombrero	Het
Suéter	Chwyswr
Vestido	Gwisg
Zapato	Esgid

Selva Tropical
Fforestydd Glaw

Anfibios	Amffibiaid
Botánico	Botanegol
Clima	Hinsawdd
Comunidad	Cymuned
Diversidad	Amrywiaeth
Especie	Rhywogaethau
Indígena	Cynhenid
Insectos	Pryfed
Mamíferos	Mamaliaid
Musgo	Mwsogl
Naturaleza	Natur
Nubes	Cymylau
Pájaros	Adar
Preservación	Cadwraeth
Refugio	Lloches
Respeto	Parch
Restauración	Adfer
Selva	Jyngl
Supervivencia	Goroesi
Valioso	Gwerthfawr

Senderismo
Heicio

Acantilado	Clogwyn
Agua	Dŵr
Animales	Anifeiliaid
Botas	Esgidiau
Camping	Gwersylla
Cansado	Flinedig
Clima	Hinsawdd
Guías	Canllawiau
Mapa	Map
Montaña	Mynydd
Naturaleza	Natur
Orientación	Cyfeiriad
Parques	Parciau
Pesado	Trwm
Piedras	Cerrig
Preparación	Paratoi
Salvaje	Gwyllt
Sol	Haul

Suministros de Arte
Cyflenwadau Celf

Aceite	Olew
Acrílico	Acrylig
Agua	Dŵr
Arcilla	Clai
Borrador	Rhwbiwr
Caballete	Hawddfyd
Cámara	Camera
Colores	Lliwiau
Creatividad	Creadigrwydd
Ideas	Syniadau
Lápices	Pensiliau
Mesa	Tabl
Papel	Papur
Pegamento	Glud
Pinturas	Paent
Silla	Cadeirydd
Tinta	Inc

Surf
Syrffio

Atleta	Mabolgampwr
Campeón	Pencampwr
Clima	Tywydd
Diversión	Hwyl
Espuma	Ewyn
Estilo	Arddull
Estómago	Bola
Extremo	Eithafol
Fuerza	Cryfder
Multitudes	Torfeydd
Nadar	I Nofio
Océano	Cefnfor
Ola	Don
Playa	Traeth
Popular	Poblogaidd
Principiante	Dechreuwr
Rociar	Chwistrellu
Velocidad	Cyflymder

Tecnología
Technoleg

Archivo	Ffeil
Blog	Blog
Bytes	Bytes
Cámara	Camera
Cursor	Cyrchwr
Datos	Data
Digital	Digidol
Estadísticas	Ystadegau
Fuente	Ffont
Internet	Rhyngrwyd
Investigación	Ymchwil
Mensaje	Neges
Navegador	Porwr
Ordenador	Cyfrifiadur
Pantalla	Sgrin
Seguridad	Diogelwch
Software	Meddalwedd
Virtual	Rhithwir

Tiempo
Amser

Ahora	Nawr
Antes	Cyn
Anual	Blynyddol
Año	Blwyddyn
Ayer	Ddoe
Calendario	Calendr
Década	Degawd
Día	Dydd
Futuro	Dyfodol
Hora	Awr
Hoy	Heddiw
Mañana	Bore
Mediodía	Hanner Dydd
Mes	Mis
Minuto	Munud
Momento	Sylw
Noche	Nos
Reloj	Cloc
Semana	Wythnos
Siglo	Canrif

Tipos de Cabello
Mathau o Wallt

Blanco	Gwyn
Brillante	Sgleiniog
Calvo	Moel
Coloreado	Lliw
Corto	Byr
Delgada	Tenau
Gris	Llwyd
Grueso	Trwchus
Largo	Hir
Marrón	Brown
Negro	Du
Plata	Arian
Rizado	Cyrliog
Rizos	Curls
Rubio	Blond
Saludable	Iach
Seco	Sych
Suave	Meddal
Trenzado	Plethedig
Trenzas	Blethi

Vacaciones #1
Yn Ystod y Gwyliau #1

Aduana	Tollau
Avión	Awyren
Billete	Tocyn
Coche	Car
Expedición	Daith
Itinerario	Amserlen
Lago	Llyn
Maleta	Cês
Mochila	Backpack
Moneda	Arian
Museo	Amgueddfa
Nadar	I Nofio
Paraguas	Ymbarél
Relajación	Ymlacio
Salida	Ymadawiad
Tranvía	Tram
Turista	Twristiaid

Vacaciones #2
Yn Ystod y Gwyliau #2

Aeropuerto	Maes Awyr
Carpa	Pabell
Destino	Cyrchfan
Extranjero	Tramor
Fotos	Lluniau
Hotel	Gwesty
Isla	Ynys
Mapa	Map
Mar	Môr
Ocio	Hamdden
Pasaporte	Pasbort
Playa	Traeth
Reservas	Amheuon
Restaurante	Bwyty
Taxi	Tacsi
Transporte	Cludiant
Tren	Trên
Vacaciones	Gwyliau
Viaje	Taith
Visa	Fisa

Vehículos
Cerbydau

Ambulancia	Ambiwlans
Autobús	Bws
Avión	Awyren
Balsa	Llu
Barco	Cwch
Bicicleta	Beic
Camión	Lori
Caravana	Carafan
Coche	Car
Cohete	Roced
Ferry	Fferi
Helicóptero	Hofrennydd
Lanzadera	Gwennol
Metro	Isffordd
Motor	Modur
Neumáticos	Tirion
Submarino	Llong Danfor
Taxi	Tacsi
Tractor	Tractor
Tren	Trên

Verano
Haf

Alegría	Llawenydd
Amigos	Ffrindiau
Buceo	Deifio
Comida	Bwyd
Estrellas	Sêr
Familia	Teulu
Hogar	Cartref
Jardín	Gardd
Juegos	Gemau
Libros	Llyfrau
Mar	Môr
Música	Cerddoriaeth
Nadar	I Nofio
Ocio	Hamdden
Playa	Traeth
Recuerdos	Atgofion
Relajación	Ymlacio
Sandalias	Sandalau
Vacaciones	Gŵyl
Viaje	Teithio

Verduras
Llysiau

Ajo	Garlleg
Alcachofa	Artisiog
Apio	Seleri
Berenjena	Eggplant
Brócoli	Brocoli
Calabaza	Pwmpen
Cebolla	Union
Ensalada	Salad
Espinacas	Sbigoglys
Guisante	Pys
Jengibre	Sinsir
Nabo	Maip
Oliva	Olewydd
Patata	Tatws
Pepino	Ciwcymbr
Perejil	Persli
Rábano	Radish
Seta	Madarch
Tomate	Tomato
Zanahoria	Moron

Virtudes #1
Rhinweddau # 1

Apasionado	Angerddol
Artístico	Artistig
Bien	Da
Curioso	Chwilfrydig
Decisivo	Pendant
Eficiente	Effeithlon
Encantador	Swynol
Fiable	Dibynadwy
Generoso	Hael
Independiente	Annibynnol
Inteligente	Deallus
Limpio	Lân
Modesto	Cymedrol
Paciente	Claf
Práctico	Ymarferol
Sabio	Doeth
Útil	Ddefnyddiol

Enhorabuena

Lo has conseguido!

Esperamos que hayas disfrutado de este libro tanto como nosotros al diseñarlo. Nos esforzamos por crear libros de la máxima calidad posible.
Esta edición está diseñada para proporcionar un aprendizaje inteligente, de calidad y divertido!

¿Te ha gustado este libro?

Una Petición Sencilla

Estos libros existen gracias a las reseñas que se publican.
¿Podrías ayudarnos dejando una reseña ahora?
Aquí tienes un breve enlace a la página de reseñas

BestBooksActivity.com/Opiniones50

¡DESAFÍO FINAL!

Reto n°1

¿Estás listo para tu juego gratis? Los utilizamos siempre, pero no son tan fáciles de encontrar. ¡Aquí están los **Sinónimos**!

Escribe 5 palabras que hayas encontrado en los rompecabezas (#21, #36, #76) y trata de encontrar 2 sinónimos para cada palabra.

Escriba 5 palabras del *Puzzle 21*

Palabras	Sinónimo 1	Sinónimo 2

Escriba 5 palabras del *Puzzle 36*

Palabras	Sinónimo 1	Sinónimo 2

Escriba 5 palabras del *Puzzle 76*

Palabras	Sinónimo 1	Sinónimo 2

Reto n°2

Ahora que te has calentado, escribe 5 palabras que hayas encontrado en los Puzzles 9, 17 y 25 e intenta encontrar 2 antónimos para cada palabra. ¿Cuántos puedes encontrar en 20 minutos?

Escriba 5 palabras del **Puzzle 9**

Palabras	Antónimo 1	Antónimo 2

Escriba 5 palabras del **Puzzle 17**

Palabras	Antónimo 1	Antónimo 2

Escriba 5 palabras del **Puzzle 25**

Palabras	Antónimo 1	Antónimo 2

Reto n°3

¡Genial! Este desafío final no es nada para ti.

¿Preparado para el reto final? Elige 10 palabras que hayas descubierto en los diferentes rompecabezas y escríbelas a continuación.

1.	6.
2.	7.
3.	8.
4.	9.
5.	10.

Ahora escribe un texto pensando en una persona, un animal o un lugar que te guste.

Puedes usar la última página de este libro como borrador.

Tu Composición:

CUADERNO DE NOTAS :

HASTA PRONTO !

Todo el Equipo

DESCUBRA JUEGOS GRATIS

GO

↓

BESTACTIVITYBOOKS.COM/FREEGAMES